KLEINE **FAHRRAD-AUSZEITEN**
IM

-MÜNSTERLAND-

KLEINE FAHRRAD-AUSZEITEN IM

-MÜNSTERLAND-

WOCHENEND & RADELGLÜCK

TOUREN · HIGHLIGHTS · ÜBERNACHTUNGSTIPPS

LINDA O'BRYAN, HANS ZAGLITSCH

BRUCKMANN

INHALT

Historische Wassermühle in Nienborg

WILLKOMMEN IM MÜNSTERLAND!

Burgen, Schlösser und noch viel mehr

◀ Eindrucksvoll: Schloss Raesfeld ▲ Erholsam: am Halterner Stausee ▼ Im Radlglück: Wegweiser am Werse-Radweg

Oder wie es auf münsterländischem Platt heißt: »Guëten Dag!« Das Münsterland ist ein Radlerland par excellence mit einem rund 4500 Kilometer umfassenden Radwegenetz. Es zählt zu den abwechslungsreichsten und schönsten Radregionen Deutschlands.

Ob kurze Stadttour oder mehrstündige Tagestour – wir haben von 15 Orten aus startend sehr interessante und abwechslungsreiche Rundtouren zusammengestellt, die Sie zu märchenhaften Wasserburgen, verträumten Schlössern und herrschaftlichen Landgütern bringen und Sie in die knapp 160 Meter hohen Baumberge sowie in die Täler der Flüsschen Stever, Bocholter Aa und Berkel führen. Mal geht es durch kleine Naturschutzgebiete, mal durch Wiesen, Agrarland und Waldstücke oder im Auf und Ab durch den Teutoburger Wald und die Coesfelder Berge und quer durch die reizvolle Parklandschaft des Münsterlands. Die Bezeichnung »Parklandschaft« ist hier im Übrigen ein wenig verwirrend: Es handelt sich dabei nicht etwa um eine künstlich angelegte Landschaft im Sinne eines Parks, sondern um eine kleinteilige, vorwiegend von Landwirtschaft geprägte Kulturlandschaft mit Feldern, Weiden, Blumenwiesen, Obstgärten, Waldstücken, Seen und Streusiedlungen – einfach wunderschön!

UNTERKUNFT

Unsere Tagestouren sind zwischen 30 und 40 Kilometer lang, wobei jeweils bis zu zwei Touren von einem Standort aus beginnen. Da die Orte nicht allzu weit voneinander entfernt sind, können die Touren auch einfach miteinander kombiniert werden, wodurch Sie mehrere Tage kreuz und quer durchs Münsterland radeln können.

Unterkünfte sind in unseren Standorten vorhanden und variieren zwischen einfachen Gasthöfen, Ferienzimmern, modernen Appartements und Hotelzimmern. Bei den Preisen gilt in der Regel: An Wochenenden und Feiertagen sind die Unterkünfte um einiges teurer als an Wochentagen. Vorschläge für Übernachtungen finden Sie am Ende jedes Kapitels unter »Auf einen Blick«. Zudem haben wir dort auch Camping- und/oder Stellplätze aufgelistet, falls Sie mit dem Wohnmobil oder dem Wohnwagen anreisen werden. Auch bei den Campingplätzen gibt es eine breite Auswahl – sie sind zwar häufig auf Dauercamper ausgerichtet, verfügen aber auch immer über Touristikplätze, für Wohnmobile oft vor der Schranke. Da vor allem an Wochenenden und in der Ferienzeit die Nachfrage nach Touristikplätzen groß ist, sollte möglichst eine Reservierung vorab vorgenommen werden. Offizielle Stellplätze für Wohnmobile sind in einigen Orten auch auf öffentlichen Großparkplätzen vorhanden; sie sind in der Regel bis zu 72 Stunden kostenlos nutzbar und verfügen teilweise über einen Stromanschluss (Münzautomaten), können aber in den meisten Fällen nicht reserviert werden.

RADWEGE UND EINKEHRMÖGLICHKEITEN

Auf den Infoseiten »Auf einen Blick« finden Sie zudem viele praktische Informationen zu den Radrouten, wie die Gesamtlänge, die Höhenmeter, den Charakter und den Schwierigkeitsgrad einer Tour. Zur Länge sei noch erwähnt, dass aufgrund der Vielzahl an unterschiedlichen Navigationsgeräten auf dem Markt Ihr Navi geringfügige Abweichungen von unseren Angaben anzeigen kann. Die grobe Richtung aber stimmt!

Fachwerkhaus in Bad Iburg

Haus Vögeding nahe Münster

Ganz wichtig für die Planung sind natürlich der Zustand der Radwege, regional als »Pättkes« bezeichnet, die Beschilderung und was sich sonst noch rund um die Radwege im Münsterland so alles anbietet. Die Radwege sind – generell betrachtet – gut ausgebaut und unterhalten, zu 95 Prozent asphaltiert und auf Bundes- und Landstraßen wegen der Sicherheit auch baulich vom Autoverkehr getrennt. Natürlich kommt es ab und an mal vor, dass sich leichte Schäden an der Asphaltdecke zeigen, was sich aber im Großen und Ganzen in Grenzen hält. In den meisten Fällen sind es Frostschäden oder Baumwurzeln, die die Asphaltdecke leicht anheben. Außer auf ausgewiesenen Radwegen verlaufen unsere Touren auf Neben- und Wirtschaftsstraßen, die ebenfalls gut unterhalten und bestens asphaltiert sind. Nicht geteerte Abschnitte gibt es verständlicherweise in den Naturschutzgebieten wegen der gesetzlichen Bestimmungen, entlang von Flussufern und in Wäldern, da auch Forstwege nicht asphaltiert werden dürfen. Gaststätten und Cafés findet man häufig vor, lediglich die Öffnungszeiten passen sich eventuell nicht immer an die Zeiten der Radtour an, denn Gasthöfe und Restaurants öffnen ihre Türen an Wochentagen oft erst gegen 17 Uhr, an Samstagen, Sonn- und Feiertagen sind sie meist aber bereits am frühen Nachmittag geöffnet. Cafés, Konditoreien und Bäckereien mit Sitzmöglichkeiten hingegen haben an Wochen- und Samstagen fast den ganzen Tag über geöffnet. Sie sollten jedenfalls immer eine Kleinigkeit zum Essen mit dabeihaben und natürlich auch ausreichend zum Trinken. Gemütliche

Pferdekoppel im Warendorfer Land

Holzbänkchen mit Tischen unter schattigen Bäumen oder einfache Bänke in Holzhütten, wo man eine kurze Pause einlegen und sein Mitgebrachtes gemütlich verzehren kann, sind auf fast jeder Route vorhanden.

E-BIKE ODER TOURENRAD?

Im Prinzip brauchen Sie kein Elektrorad für das Münsterland. Die Routen führen größtenteils durch flaches oder sanft gewelltes Gelände, lediglich die Route im Teutoburger Wald, über den Schöppinger Berg, in den Baumbergen und in der Seppenrader Schweiz weisen kraftraubendere Steigungen auf. Ein Mountainbike ist aber auch dort keineswegs notwendig. Da die meisten unter Ihnen sicher keine Neueinsteiger sind, werden Sie einiges an Erfahrung mitbringen, Ihr vertrautes Rad wählen, um Ihre Kondition wissen und Ihr Tagespensum bestens kennen. Steht einmal kein Rad zur Verfügung, gibt es in den meisten Orten Fahrradverleihe, bei denen Sie sicher ein passendes »Leeze«, so nennen die Münsteraner das Gefährt, finden werden. Dazu wenden Sie sich am besten an die Tourist-Informationen.

Wir hoffen, dass Sie einfach schon nach dem ersten Durchblättern dieses Radbuchs Lust auf das Münsterland bekommen haben, um es per Rad zu erkunden. Und dass es Ihnen genauso viel Spaß machen wird wie uns, kreuz und quer durch diese Region zu radeln und ihre kulturelle und landschaftliche Vielfalt vom Sattel aus zu erkunden. Denn wo sonst in Deutschland

kann man in einer Region, die gerade mal doppelt so groß ist wie das Saarland, u. a. Flamingos in freier Natur beobachten, viele märchenhafte Schlösser, opulente Herrensitze und architektonisch hinreißende Landgüter bestaunen, bei einer Kneippkur die Füße erfrischen oder auf den Spuren historisch wichtiger Persönlichkeiten radeln?
An dieser Stelle möchten wir uns auch bei allen Tourist-Informationen, Museen, privaten Institutionen und Einrichtungen recht herzlich für die Unterstützung bedanken, denn ohne ihre Hilfe, ihre Tipps und Genehmigungen zum Fotografieren wäre dieses Buch nicht zustande gekommen. Und schon vorab bereits ein herzliches Dankeschön an alle Radlerinnen und Radler, die uns in Zukunft mit Tipps und aktuellen Informationen zu den einzelnen Radrouten versorgen werden, damit das Buch stets auf dem neuesten Stand bleibt.

Viel Spaß beim Radeln, stets Luft im Reifen und immer Rückenwind beim Entdecken des Münsterlandes wünschen Ihnen

Linda O'Bryan und Hans Zaglitsch

Rosengarten in Seppenrade

Fast wie aus dem Bilderbuch: Radelvergnügen rund um Burgsteinfurt

MITTELPUNKT DES MÜNSTERLANDS

Münster

Das Münsteraner Schloss

1

Münster ist der Nabel der Region, ist administratives und kulturelles Zentrum und eine quirlige Universitätsstadt. Dank der vielen Studierenden herrscht ein entspannter Lebensstil inmitten vieler geschichtsträchtiger Bauwerke. Es gibt kaum einen besseren Weg, diese Stadt zu erkunden, als den im Sattel. Und die fahrradfreundliche Stadt macht es dank hervorragender Radwege auch sehr einfach.

Münster ist aber auch eine renommierte Museumsstadt mit einer großen Vielfalt an Themen: Kunst, Stadtgeschichte, Architektur, Naturkunde, Archäologie und noch vieles mehr. Die Stadt beherbergt über 20 Museen. Hervorzuheben sind hierbei das Kunstmuseum Pablo Picasso, das einzige seiner Art in Deutschland, das außergewöhnliche Museum für Lackkunst und das Mühlenhof-Museum mit historischen Bauernhöfen, Speichern und Schuppen, die in ländlichen Gegenden des Münsterlands abgetragen und hier wieder aufgebaut wurden. Und nicht zuletzt sollten Sie auch einen Blick in den Friedenssaal im historischen Rathaus werfen. Informationen zu den Museen finden Sie u. a. auf der Webseite museen-in-muenster.de.

GELEGENHEITEN ZUM ESSEN gibt es in der Stadt genug. Nach einer Sightseeing- oder Radtour lässt man aber am besten den Tag am Aasee ausklingen – die Auswahl an Einkehrmöglichkeiten ist hier groß, das Ambiente stimmungsvoll, es herrschen milde bis sommerliche Temperaturen, und spektakuläre Sonnenuntergänge verleihen dem See ein mediterranes Flair (aaseepark.de).

◀ Münsteraner Zwinger ▶ Mühlenhof-Museum

1

CITYTOUR – MIT DEM LEEZE DURCH DIE STADT

Rund um die Innenstadt verläuft eine autofreie Promenade mit schattigen Wander- und Radwegen, die auf dem ehemaligen Stadtwall angelegt wurden. Mit dem Bahnhof im Rücken folgen Sie der Promenade im Uhrzeigersinn bis zur Ampel. Dort überqueren Sie die Straße und radeln links zum Südufer des Aasees, einem beliebten Erholungsgebiet mit Liegewiesen, Gastronomie und Wassersportmöglichkeiten. Das Baden ist hier allerdings verboten!
Sie folgen gemütlich dem gut ausgebauten Radweg entlang des Südufers. Nach dem Segelclub radeln Sie rechts über die Münstersche Aa zum anderen Ufer und erreichen kurz darauf das Mühlenhof-Museum. Danach folgen Sie dem Nordufer, vorbei am modernen Segelclub. Am Ende halten Sie sich links und gelangen mit einer Kurve zurück auf die erhöht liegende Promenade, der Sie bis zum Schloss Münster folgen. Hier wird die Promenade von der weitläufigen Schlossanlage unterbrochen.

SCHLOSS UND INNENSTADT

Der Radweg führt direkt am Schlossplatz entlang und bietet so einen schönen, freien Blick auf die Hauptfassade des Schlosses, das zu den markantesten Denkmälern der Stadt zählt. Gebaut wurde es im 18. Jahrhundert im Barockstil und als Residenz für den Fürstbischof von Münster. Heute dient es der Wissenschaft. Das Schloss ist Hauptgebäude der Westfälischen Wilhelms-Universität und deshalb nur von außen zu bewundern. Frei zugänglich ist der Schlossgarten, der hinter dem Schloss als Landschaftspark angelegt wurde – eine grüne Oase inmitten der Stadt mit darüber hinaus noch einem netten Café und einem über 200 Jahre alten Botanischen Garten zum Zwecke der Forschung und Lehre.

Turm der Lambertus-Kirche

Eingang zum Picasso-Museum

Nach dem Schloss radeln Sie auf der anderen Straßenseite rechts wieder auf der grünen Promenade weiter. Unterwegs passieren Sie ein rundes Bollwerk. Es ist der Rest der mittelalterlichen Stadtbefestigung. Eine Informationstafel erläutert die Geschichte des Turms. Der Promenade folgend, gelangen Sie mit einem Bogen zum Museum für Lackkunst. Kurz danach biegen Sie beim Kreisverkehr rechts in die Ludgeristraße zur Innenstadt ein. Sie folgen der Straße bis zum kleinen, gemütlichen **Adolph-Kolping-Platz**. Hier können Sie Ihr Rad abstellen und die Innenstadt weiter zu Fuß erkunden. Dabei sollten der imposante Dom, der **Prinzipalmarkt** mit seinen Giebelhäusern und das gotische Rathaus mit dem Friedenssaal nicht fehlen.

Tipp

Die alte Pleistermühle an der Werse ist noch gut erhalten und war ursprünglich Eigentum der Bischöfe von Münster. Erst Anfang des 19. Jahrhunderts kam sie in Privatbesitz. Der Müller betrieb damals eine Gaststätte für Flößer und Münsteraner, die gern Ausflüge zur Werse unternahmen. Sie kamen zum Schwimmen zum Badehaus am Ufer, zum Rudern, für eine Bootsfahrt mit einem Dampfschiff, für ein Picknick im Schatten oder nur für einen Kaffee in der Gaststätte. Daran hat sich bis heute wenig geändert (pleistermuehle.de).

1

ENTLANG DER WERSE – IDYLLISCHE FLUSSLANDSCHAFT UND HISTORISCHE ORTE

Los geht die Tour bei der Pleistermühle an der Werse. Sie folgen dem linken Werseufer nach Süden auf einem schmalen, unbefestigten Waldweg durch das Naturschutzgebiet Stapelskotten mit einem beeindruckenden Auenwald. Hier schafft der Fluss sein Bett noch selbst und zeigt eine ursprüngliche Landschaft am Rand der Großstadt. Nach Stapelskotten unterqueren Sie die Bundesstraße und radeln die nächsten Kilometer gemütlich am Fluss entlang; die Landschaft rundum wird hier landwirtschaftlich genutzt. Angelmodde ist das erste historische Dorf. Nach den ersten Häusern halten Sie sich links und folgen den Radschildern zur Landstraße, an der es links zur Ortsmitte geht. Angelmodde präsentiert sich klein, aber fein mit einem hübschen Kirchplatz. Dieser wird geprägt

Radweg am Ufer der Werse

von einer romanischen Dorfkirche, eine der ältesten Kirchen Münsters, und einigen Fachwerkhäusern. Bemerkenswert sind die Alte Schule und schräg gegenüber das Gallitzinhaus, das an die Gräfin Amalia von Gallitzin erinnert: Die Fürstin kam ursprünglich aus Berlin, übersiedelte mit ihrem Mann, einem russischen Botschafter, nach Den Haag und wählte nach ihrer Scheidung Münster als neue Heimat. Das Gallitzinhaus ist heute ein Kulturzentrum.

DURCH WOLBECK

In Angelmodde verlassen Sie zunächst den Werse-Radweg und folgen stattdessen der 100-Schlösser-Route Richtung Wolbeck. Sie radeln vom Kirchplatz in Angelmodde geradeaus auf der Hauptstraße weiter, überqueren die Gleise und halten sich links. Den Gleisen folgend, gelangen Sie nach Wolbeck, wo der Radweg links über die Gleise und dann rechts zur Ortsmitte führt. Bei der Ampel an der T-Kreuzung erblicken Sie links den imposanten Drostenhof, einen sogenannten Burgmannshof. Er ist hier im Ort der Letzte seiner Art von einer Reihe von Höfen, die ab dem Mittelalter um eine Burg angelegt wurden. Der Drostenhof, ein gutes Beispiel der Renaissance-Baukunst in Westfalen, wurde um 1545 von Dirk von Merveldt erbaut, einem Grafengeschlecht, das bis heute noch im Besitz des Hofs ist. Nach unterschiedlichen Verwendungszwecken ist der Hof wieder bewohnt und deshalb nur von außen zu besichtigen.

◀ Infotafel im Tiergarten Wolbeck ▶ Werse-Radweg

Pleistermühle an der Werse bei Münster

Nach dem Drostenhof biegen Sie rechts in die Hofstraße ein und verlassen dabei die 100-Schlösser-Route. Sie radeln jetzt zum Wolbecker Tiergarten. Nachdem Sie die Feuerwehr passiert haben, biegen Sie neben den großen Parkplatz rechts auf den Radweg durch den Tiergarten ein. Eine herrliche, breite Allee führt Sie nun quer durch das Naturschutzgebiet. Der **Wolbecker Tiergarten** war jahrhundertelang das Jagdgebiet der Bischöfe von Münster, und die Route führt direkt am **fürstbischöflichen Jagdhaus** vorbei. Das gut erhaltene hübsche Haus datiert aus dem 18. Jahrhundert und ist in Privatbesitz. Gegenüber dem Haus steht ein barocker **Gehaegestein**, womit die Bischöfe ihr Jagdgebiet markierten. Es ist übrigens das einzige Exemplar im Münsteraner Umland.
Sie folgen weiter der Allee, ignorieren die Radwegweiser und den rechts abbiegenden Weg, der zur stark befahrenen Bundesstraße führt. Stattdessen radeln Sie immer geradeaus weiter, auch wenn der Weg etwas schmaler wird. Am Waldrand geht er über in einen Pfad, der über einen Acker führt und nach ca. 250 Metern an der Landstraße endet, wo wieder ein befestigter Radweg nach rechts wartet. Sie biegen dann den ersten Weg (Tiergartenheide) links Richtung Albersloh ein.

Unterwegs in Angelmodde

RÜCKWEG ENTLANG DER WERSE

Die Route verläuft nun zurück zur Werse und über eine ruhige Nebenstraße nach Albersloh. Am Ende der Straße biegen Sie scharf rechts in den schattigen Geschermannsweg ein. In der Ortsmitte von Albersloh radeln Sie rechts an der Kirche entlang und geradeaus vorbei an einer Bäckerei, wonach Sie die Werse auf einer schmalen Brücke überqueren. Sie folgen jetzt rechts wieder dem Werse-Radweg zurück Richtung Münster. Unterwegs passieren Sie noch einen historischen Waschplatz, an dem bis in die 1930er-Jahre hinein Wäsche gewaschen wurde. Danach gelangen Sie zu ein paar Stromschnellen und einem Aussichtsturm.

Zurück in Angelmodde überqueren Sie die Werse wieder, der Sie nach einer scharfen Linkskurve weiter folgen. Sie unterqueren die Gleise und treffen geradeaus wieder auf die Dorfkirche. Hier halten Sie sich links und biegen dann rechts auf den Alten Postweg ein. Nach etwa einem Kilometer biegen Sie rechts auf den Weg Am Hofkamp zur modernen Radbrücke ab. Nun folgen Sie dem Fluss rechts bis zur Bundesstraße, wo Sie zur Straße hochradeln und diese gleich nach links Richtung Campingplatz und Freibad verlassen. Die Werse begleitet Sie nun auf den letzten Metern zurück zur Pleistermühle – hier können Sie einkehren oder ein Kanu mieten, falls Sie noch Lust und Laune haben, die Landschaft vom Wasser aus zu betrachten.

Tipp

Noch Zeit und Lust zum Radeln? Dann ist vielleicht die Route »Auf den Spuren von Annette von Droste-Hülshoff« westlich von Münster das Richtige für Sie, die einigen Stationen im Leben der Schriftstellerin Annette von Droste-Hülshoff folgt. Unterwegs passieren Sie u. a. das barocke Rüschhaus, in dem Droste-Hülshoff lebte, und Haus Vögeding, das die Familie Droste-Hülshoff im 19. Jahrhundert erwarb, um es zu vermieten. Der Hohepunkt der Route aber ist der Familiensitz Burg Hülshoff, ein beeindruckendes Wasserschloss mit weitläufigem, frei zugänglichem Landschaftspark und dem Droste-Museum. Die Schriftstellerin wurde hier geboren, verbrachte in der Burg die Hälfte ihres Lebens und unternahm viele Spaziergänge im Burggarten. Die reich ausgestatteten Wohnräume der Adelsfamilie sind jetzt ein Museum (burg-huelshoff.de).

◀ Werse-Brücke in Albersloh ▶ Rüschhaus (auch Droste-Haus)

AUF EINEN BLICK

Info

STADT/REGION: Münster
BESTE REISEZEIT: Mai bis September
OPTIMALE REISEDAUER: 2–3 Tage
TOURISTINFO: Altes Rathaus, Prinzipalmarkt 10, 48143 Münster, Tel. 0251/492 27 24, stadt-muenster.de

SEHENSWÜRDIGKEITEN

AASEE: beliebtes Naherholungsgebiet, aaseepark.de
MÜHLENHOF-MUSEUM: Freilichtmuseum mit historischen Bauernhöfen, Speichern und Schuppen, muehlenhof-muenster.org
KUNSTMUSEUM PABLO PICASSO: Sammlung von über 800 Grafiken des weltberühmten Malers, kunstmuseum-picasso-muenster.de
SCHLOSSGARTEN UND BOTANISCHER GARTEN: Landschaftspark hinter dem Schloss, stadt-muenster.de/tourismus/sehenswertes
ALTSTADT: stadt-muenster.de

ÜBERNACHTUNG

FACTORY HOTEL: An der Germania Brauerei 5, 48159 Münster, Tel. 0251/418 80, factoryhotel-muenster.de **€€€**
LANDGASTHOF PLEISTERMÜHLE: Pleistermühlenweg 196, 48157 Münster, Tel. 0251/13 67 60, pleistermuehle.de **€€**
JUGENDGÄSTEHAUS AASEE: Bismarckallee 31, 48151 Münster, Tel. 0251/53 02 80, nordsee-sauerland.jugendherberge.de **€-€€**
CAMPING/STELLPLATZ: Camping Münster, Laerer Werseufer 7, 48157 Münster, Tel. 0251/31 19 82, campingplatz-muenster.de **€**

CITYTOUR

DAUER: 1 Std.
HÖHENMETER: 22 Hm
LÄNGE: 12 km
SCHWIERIGKEIT: Leicht
AUSGANGS-/ENDPUNKT: Hauptbahnhof in Münster, Bahnhofstr. 20
TOURENCHARAKTER: Rundtour auf asphaltierten, teils schattigen Radwegen im Stadtgebiet

▲ Historische Bauernhöfe im Mühlenhof-Museum ◀ Der Friedenssaal im historischen Rathaus von Münster ▶ Aussichtsturm am Werse-Radweg

BESTE JAHRESZEIT: Ganzjährig
EINKEHR UNTERWEGS: Seerestaurant Moro 112 am Aasee mit italienischer Küche (moro112.de); Restaurant Kleiner Kiepenkerl mit westfälischer Küche und historischem Ambiente (kleiner-kiepenkerl.de)

ENTLANG DER WERSE

DAUER: 3 Std.
HÖHENMETER: 74 Hm
LÄNGE: 37 km
SCHWIERIGKEIT: Leicht
AUSGANGS-/ENDPUNKT: Parkplatz bei der Pleistermühle, Pleistermühlenweg 196, 48157 Münster
TOURENCHARAKTER: Rundtour durch die Flusslandschaft auf asphaltierten Nebenstraßen und ungeteerten Radwegen entlang des Ufers
BESTE JAHRESZEIT: Frühjahr und Sommer
EINKEHR UNTERWEGS: Pleistermühle, beliebtes Ausflugslokal mit bodenständiger Küche und gemütlichem, schattigem Biergarten (pleistermuehle.de)

TOR ZUM TEUTOBURGER WALD

Tecklenburg

Hoch über der Stadt: Burg Bad Iburg

Auf einem Bergrücken des Teutoburger Walds breitet sich das malerische Städtchen Tecklenburg aus. Mit einem mittelalterlichen Marktplatz, hübschen Gassen, historischen Fachwerkhäusern und Stadttoren versprüht das Kleinstädtchen einen außergewöhnlichen Charme – und es ist das Tor zum Teutoburger Wald.

Die Tourist-Information am Marktplatz hält einen Plan für einen Stadtspaziergang bereit, der Sie u. a. zu den interessantesten Bauwerken bringt, wie z. B. zum Torhaus Legge von 1577, zur mittelalterlichen Schlossbastion, zur Burgruine mit Wehrturm, zur Freilichtbühne und zu den Fachwerkhäusern Krummacherhaus und Schiefes Haus. Nach einem Rundgang durch die Altstadt wieder zurück am Marktplatz, warten hier gemütliche Terrassencafés auf Sie, die zu einer Verschnaufpause einladen.

DURCH DEN TEUTOBURGER WALD

Vom Alten Bahnhof folgen Sie links der Bahnhofstraße und radeln nach dem Restaurant Fabula rechts Richtung Haus Marck. Die Tour führt auf der Königstraße am Wasserschloss Marck vorbei. Kurz nach dem Campingplatz und einem alten Fachwerkbauernhaus verlassen Sie Tecklenburg geradeaus auf dem Exterheider Damm und folgen dieser leicht ansteigenden Nebenstraße unter der Autobahn hindurch nach Leeden. Die Strecke führt in leichtem Auf und Ab über die Ausläufer des Teutoburger Walds und bietet schöne Fernblicke. In Leeden den Radschildern folgend, kommen Sie zur Rückseite des ehemaligen Damenstifts Leeden aus dem 13. Jahrhundert. Sowohl die Stiftskirche als auch das Stiftshaus sind gut erhalten geblieben. Hier treffen Sie am Dorfteich auf eine frei zugängliche Kneippanlage, und die Route führt nach rechts Richtung Natrup-Hagen auf einem separaten Radweg weiter.

IN DER STIFTSCHÄNKE IN LEEDEN speisen Sie mit Blick auf das alte Damenstift (stiftschaenke-schwermann.de). Im Restaurant Zum Forellental in Hagen gibt es Forellen aus eigener Zucht in verschiedenen Variationen. Auf der Speisekarte finden sich aber auch Fleischklassiker (restaurant-zum-forellental.com).

2

RÜCKFAHRT ÜBER BAD IBURG

In Natrup-Hagen biegen Sie bei der modernen Kirche links in die Straße In den Fleeten ein. Sie überqueren einen Bach und nehmen kurz danach rechts den Lotter Weg. Jetzt folgt eine schöne Strecke nach Hagen am Teutoburger Wald. Sie stoßen in Hagen auf ein hübsches Fachwerkhaus, wo Sie links zur spätgotischen Kirche, dem Wahrzeichen des Ortes, radeln. Die Route geht beim Kreisverkehr vor der Kirche rechts weiter Richtung Bad Iburg. Bald führt das Radschild Sie rechts in die Bergstraße und allmählich aus Hagen hinaus. Sie passieren das Restaurant Zum Forellental und die Forellenzucht Kasselmann, radeln danach links hoch Richtung Erikasee und immer geradeaus weiter bis zur Kreuzung. Hier biegen Sie links auf die Straße Am Heidhorn ab. Am Ende geht es rechts auf den Amtsweg nach Bad Iburg hinein. Die Strecke von Hagen nach Bad Iburg ist landschaftlich sehr reizvoll, aber auch kräfteraubend. Die Anstrengung wird mit schönen Aussichten und mit dem Besuch Bad Iburgs entlohnt, einem traditionsreichen Kurort mit Charme, Geschichte und vielen Sehenswürdigkeiten sowie einem Kneipp-Erlebnispark zum Entspannen.
Ab Bad Iburg geht es ohne Steigungen am Rand des Teutoburger Walds zurück nach Tecklenburg. Sie verlassen dazu Bad Iburg beim Kreisverkehr auf dem Charlottenburger Ring nach Süden und radeln dann rechts auf der Münsterstraße weiter, die Sie bei der Ampel wieder nach rechts verlassen. Nun den Radwegweisern immer folgend, gelangen Sie über Lienen und Lengerich wieder zurück zum Startpunkt am Alten Bahnhof.

◀ Springbrunnen in Lengerich ▶ Traum in Weiß: Kirschblüten-Zeit

Fachwerkkirche im Teutoburger Wald

Im historischen Zentrum von Tecklenburg

AUF DEN SPUREN DES WESTFÄLISCHEN FRIEDENS

Diese Radroute führt entlang der geschichtsträchtigen Orte Tecklenburg, Ladbergen und Lengerich, den Schauplätzen der Verhandlungen zum Westfälischen Frieden. Die erste Etappe verläuft durch eine sanfte Landschaft aus Feldern, Wäldern und Seen.

Vom **Alten Bahnhof** folgen Sie rechts der Bahnhofstraße bis zum Kreisverkehr, radeln geradeaus weiter und biegen gleich links in die Brochterbecker Straße ein. Nach einem Gasthof nehmen Sie rechts den Weg Am Steinernen Kreuz und überqueren die Autobahn. Danach folgen Sie dem Radweg nach rechts Richtung Ladbergen. Unterwegs passieren Sie den **Sonnenhügelsee**, den **Aldruper Mühlenbach** und den **Buddenkuhlesee**. In **Ladbergen** folgen Sie den Radschildern bis zum Kreisverkehr, radeln dann auf der Mühlenstraße weiter Richtung Hotel Zur Post, biegen aber zunächst nach rechts zur malerischen **Wassermühle** ab. Von dort geht es über die Alte Mühlenbachbrücke zur **Kirche**. An der Dorfstraße bei der Kirche stehen einige sehenswerte alte Fachwerkhäuser – ihr weiß-schwarzer Baustil ist typisch für Ladbergen. Die schönsten Beispiele dieser traditionellen Architektur sind die **Alte Schule** und das **Gasthaus Zur Post**, ein Schauplatz der Friedensvorverhandlungen.

2

NACH LENGERICH UND WIEDER ZURÜCK

Sie verlassen Ladbergen beim Gasthof Zur Post auf der Dorfstraße Richtung Osten, radeln beim Kreisverkehr geradeaus weiter und biegen sofort links auf den Schulenburger Weg ein. Ab nun folgen Sie den Radwegweisern Richtung Kattenvenne bis zur T-Kreuzung. Hier nehmen Sie links die Nebenstraße, die an der restaurierten, denkmalgeschützten **Getreidemühle Erpenbeck** vorbeiführt. Danach halten Sie sich rechts und stoßen am Ende auf eine Landstraße, wo die Route links auf dem Radweg weiter Richtung Lengerich verläuft. Bei der Gabelung nehmen Sie links den **Vortlager Damm**, an dessen Ende ein Fachwerkhaus aus dem

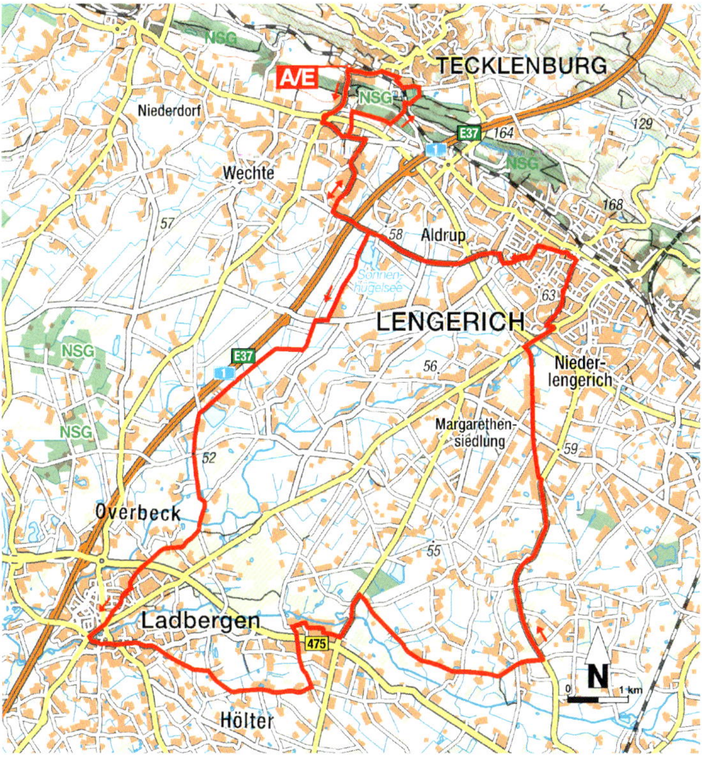

2

18. Jahrhundert und gegenüber das historische **Haus Vortlage** stehen. Nach der Unterquerung des Südrings halten Sie sich beim Kreisverkehr links und biegen gleich wieder rechts ab auf die Münsterstraße, die geradeaus ins Zentrum von **Lengerich** führt, ebenfalls ein Schauplatz der einstigen Friedensverhandlungen. Sie radeln beim Brunnen links über den Platz und unter dem **Römer**, einem alten Torhaus, hindurch und halten sich jetzt schräg links an die Wegweiser Richtung Ladbergen. Den Radschildern folgend, überqueren Sie auf dem Sonnenhügeldamm den Südring und radeln wieder am **Sonnenhügelsee** entlang zurück Richtung Tecklenburg. Vor dem **Gasthof Prigge** biegen Sie rechts ab und genießen die nun folgende wunderschöne Strecke entlang des **Königsteichs** und des romantischen **Wasserschlosses Marck**; hier fanden 1643 ebenfalls Vorverhandlungen zum Westfälischen Frieden statt, der den Dreißigjährigen Krieg beenden sollte. Nach dem Schloss biegen Sie zweimal links ab und Sie sind wieder zurück am **Alten Bahnhof** in Tecklenburg.

LUST AUF REGIONALE SPEZIALITÄTEN? Dann sind Sie im familiengeführten Gut Erpenbeck an der richtigen Adresse. Im Hofladen erhalten Sie an der Schinkentheke u. a. den hausgemachten Westfälischen Knochenschinken, luftgetrocknet oder aus der eigenen Räucherei. Im Laden werden zudem natürlich weitere regionale und saisonale Produkte angeboten, wie z. B. frischer Spargel und Erdbeeren aus eigenem Anbau (gut-erpenbeck.de).

◀ Wassermühle in Ladbergen ▶ Am Buddenkuhler See

Maibaum am Tecklenburger Marktplatz

Tipp

In der Region rund um Tecklenburg gibt es noch einige Radrouten, etwa nach Osnabrück oder zu den Dörenther Klippen. Beide Routen sind ausgeschildert – allerdings empfehlen wir, die ausgeschilderte Route zu den Klippen kurz nach dem Alten Bahnhof nicht zu nehmen (holpriger Waldweg!), sondern etwas weiter südlich den Nebenstraßen parallel zum Bergrücken zu folgen. Bei den Klippen gibt es einen Parkplatz beim Campingplatz. Ab hier sind es ca. 500 Meter bis zum kurzen, aber steilen Anstieg zum Felsen Hockendes Weib, den man besteigen kann. Von oben bietet sich ein schöner Panoramablick über die Parklandschaft des Münsterlands.

AUF EINEN BLICK

Info

STADT/REGION: Tecklenburg
BESTE REISEZEIT: Mai bis Oktober
OPTIMALE REISEDAUER: 2–3 Tage
TOURISTINFO: Markt 7, 49545 Tecklenburg, Tel.05482/938 90, tecklenburg-touristik.de

SEHENSWÜRDIGKEITEN

TEUTOBURGER WALD: Natur- und UNESCO-Geopark TERRA.vita, geopark-terravita.de
TECKLENBURG: Malerischer, verkehrsfreier Ortskern mit historischen Fachwerkhäusern; Stadtplan mit Rundgang in der Tourist-Info erhältlich
HAGEN AM TEUTOBURGER WALD: Netter Ortskern und Kirschblüten-Erlebnisweg, hagen-atw.de
BAD IBURG: Iburger Schloss, Kneipp-Erlebnispark, Wellness, Museen, badiburg.de
LADBERGEN: Alte Fachwerkhäuser, ladbergen.de

ÜBERNACHTUNG

HOTEL BISMARCKHÖHE: Am Weingarten 43, 49545 Tecklenburg, Tel. 05482/233, bismarckhoehe.de **€€**
HOTEL STIFTSCHÄNKE: Stift 1, 49545 Tecklenburg, Tel. 05481/63 41, stiftschaenke-schwermann.de **€€**
CAMPING/STELLPLATZ: Stellplatz am Parkplatz beim Gasthaus am Habichtswald, Osnabrücker Str. 37, 49545 Tecklenburg, Tel. 05456/10 36, kemken.de

DURCH DEN TEUTOBURGER WALD

DAUER: 5 Std.
HÖHENMETER: 354 Hm
LÄNGE: 47 km
SCHWIERIGKEIT: Schwer
AUSGANGS-/ENDPUNKT: Alter Bahnhof in Tecklenburg, Bahnhofstr. 40

◀ Fliesenbild Westfälischer Frieden ▶ Radweg auf der Friedensroute

TOURENCHARAKTER: Rundtour auf asphaltierten Radwegen, Wirtschafts- und Nebenstraßen mit einigen Anstiegen im Teutoburger Wald, auf kurzen Abschnitten etwas steiler
BESTE JAHRESZEIT: Frühling und Sommer
EINKEHR UNTERWEGS: Restaurant Stiftschänke, guter Landgasthof in Leeden (stiftschaenke-schwermann.de); Restaurant Zum Forellental in Hagen am Teutoburger Wald (restaurant-zum-forellental.com); Gut Erpenbeck mit regionalen Spezialitäten (gut-erpenbeck.de)

FRIEDENSROUTE

DAUER: 3 Std.
HÖHENMETER: 80 Hm
LÄNGE: 36 km
SCHWIERIGKEIT: Leicht
AUSGANGS-/ENDPUNKT: Alter Bahnhof in Tecklenburg, Bahnhofstr. 40
TOURENCHARAKTER: Rundtour auf asphaltierten Radwegen, Neben- und Wirtschaftswegen durch Wald, Wiesen und am Wasser entlang
BESTE JAHRESZEIT: Frühjahr bis Herbst
EINKEHR UNTERWEGS: Restaurant Timpen in Ladbergen mit diversen Sorten Flammkuchen (timpen-ladbergen.de)

UNTERWEGS IM STEINFURTER LAND

Burgsteinfurt

Mittelpunkt von Burgsteinfurt: die Wasserburg im Fachwerkstil

3

Mit einer romantischen Wasserburg aus dem 12. Jahrhundert sowie einer malerischen Kulisse aus Fachwerk- und Sandsteinhäusern präsentiert sich Burgsteinfurt, der wohl charmanteste Ortsteil der knapp 35 000 Einwohner zählenden Kreisstadt Steinfurt, die durch die Zusammenlegung von Borghorst und Burgsteinfurt 1975 entstand.

Auf dem Marktplatz prunken das Rathaus von 1561 mit einem auffallenden Treppengiebel und gegenüber das Stadtweinhaus. Letzteres wurde 1445 vom Grafen von Bentheim-Steinfurt für Empfänge und Feste gebaut, aber auch zum Weinverkauf genutzt, woraus sich der Name ableitet. Ein paar Schritte weiter südlich, An der Hohen Schule, war im Haus Nr. 14 die erste Hochschule Westfalens untergebracht. Das Renaissance-Gebäude beherbergt heute die Musik- und Volkshochschule. Gegenüber hat das Stadtmuseum Einzug gehalten, das sich mit der Stadtgeschichte ab dem Mittelalter beschäftigt. Und wenn noch Zeit übrig bleibt, lohnt ein Abstecher nach Borghorst: Dort sind die Kirche Sankt Nikomedes und das Heimathaus Borghorst, das die Geschichte der Textilindustrie beleuchtet, interessant.

Tipp

Eine Oase der Ruhe und frei zugänglich ist der rund 50 Hektar große Bagno-Park, der vor mehr als 200 Jahren angelegt wurde. Rasenflächen wechseln sich mit lichten Wäldern ab, dazwischen bestimmen Blumenbeete, Alleen, Wasserspiele, Teiche und ein See für Bootsfahrten das Bild. Eindrucksvolle Bauwerke wie der chinesische Salon, der ägyptische Turm, die türkische Moschee, die Konzertgalerie und die Hofkapelle runden das Erlebnis Landschaftspark ab. Aktuelle Infos, vor allem zu Veranstaltungen: steinfurt-touristik.de.

IM TRADITIONSREICHEN CAFÉ SCHWAN in Burgsteinfurt trifft sich ein gemischtes Publikum zum Frühstücken, zu Kaffee mit Kuchen oder Waffeln zwischendurch oder zum Mittagstisch. Neben hausgemachten Suppen, kleinen Imbissen, vegetarischen Aufläufen und klassischen Schnitzeln gibt es ein täglich wechselndes Mittagsgericht (cafe-schwan.de).

3

DURCHS STEINFURTER LAND – DIE BURGMANNSHÖFE IN HORSTMAR

Vom **Bahnhof** folgen Sie den Wegweisern Richtung Ortsmitte durch die Bahnhofstraße bis zur Ampel, an der Sie rechts die Steinstraße nehmen und so in den historischen Ortskern gelangen. Sie radeln am Ende der Steinstraße rechts über den schönen, alten Marktplatz und danach durch die Burgstraße zum **Wasserschloss** auf einer kleinen Insel inmitten der Steinfurter Aa. Es gilt als älteste Burganlage Westfalens und ist in Privatbesitz. Vom Schloss radeln Sie auf der Burgstraße weiter und kurz danach rechts zum **Bagno-Park**. Es geht nun geradeaus durch eine Allee

Im Herzen von Burgsteinfurt

Unterwegs zwischen Aalst und Horstmar

am Golfplatz und an einem Café vorbei, wonach Sie direkt vor der Konzertgalerie rechts dem Kreislerpfad am Seeufer entlang folgen. Wenn Sie wieder festeren Boden unter den Rädern spüren, halten Sie sich links und stoßen auf die Straße Blocktor. Hier ignorieren Sie den Wegweiser »Horstmar« nach rechts, radeln stattdessen links weiter und biegen kurz vor den Gleisen links auf den Nünningsweg ab.

Bei Dumte macht die Radroute eine Linkskurve unter der Bundesstraße hindurch. Am Ortsrand von Dumte ist der Radwegweiser leicht zu übersehen – er weist rechts zur Straße Tappenstiege. An ihrem Ende verlassen Sie Dumte und überqueren eine Straße; im Zickzack geht es nun Richtung Horstmar durch das Steinfurter Land. Unterwegs können Sie noch einen Abstecher zum Haus Alst machen, einem heute privat bewohnten Burgmannshof. Der schön restaurierte Hof aus dem 17. Jahrhundert ist im bemerkenswerten Specklagenstil erbaut, einem besonders schönen Wechsel von gelblichem Sandstein und rotem Backstein.

VON HORSTMAR ZURÜCK NACH BURGSTEINFURT

Das idyllische Horstmar hat einen fast quadratischen Ortskern. Hier weisen Schilder den Weg, und Infotafeln vermitteln Wissenswertes zu den historischen Bauwerken, wie dem alten Rathaus und der gotischen Hallenkirche

Beliebter Radlertreff: das Café Schwan

Sankt Gertrudis. Die sehenswerten Burgmannshöfe wurden strategisch am Rand des Ortskerns erbaut. Der Borchorster Hof mit seinen Treppengiebeln ist der älteste. Eine Besonderheit ist der Sendenhof, der eine Einheit mit dem Schlosstor bildet. Der Merveldter Hof und der Münsterhof schließlich haben wiederum einen unterschiedlichen Baustil und somit eine andere Ausstrahlung.

Nach der Besichtigung von Horstmar verlassen Sie den Ort auf derselben Strecke und radeln bis zur alten Bahntrasse. Der fast kerzengerade geteerte Radweg bietet beiderseits der Trasse schöne Ausblicke auf das Steinfurter Land. So gelangen Sie entspannt nach Burgsteinfurt zurück.

3

ÜBER DEN SCHÖPPINGER BERG

Eine richtige Herausforderung stellt der bis zu 158 Meter hohe Schöppinger Berg dar. Los geht es am **Bahnhof**, an dem ein Radweg direkt vorbeiführt. Mit dem Bahnhof im Rücken folgen Sie rechts dem Radweg, fahren bei der Gabelung aber nicht rechts auf den Bahndamm hinauf, sondern halten sich links und unterqueren den Damm. Sie radeln jetzt etwa 1,5 Kilometer immer geradeaus, lassen langsam Burgsteinfurt hinter sich und biegen auf Höhe eines Bauernhofs links auf die Nebenstraße Veltrup ein. Jetzt folgen Sie den Wegweisern Richtung Leer. Nach dem Rastplatz halten Sie sich rechts und überqueren die Straße in Leer geradeaus. Die Umgebung von **Leer** ist reich an historischen Wassermühlen; so passieren Sie die **Schmeddings-Doppelmühle** am Ortsrand beim Leerbach und kommen kurz danach zur **Wennings-Mühle**.

Danach geht es auf den **Schöppinger Berg**. Sie radeln entlang von Bauernhöfen direkt auf den Berg zu, tauchen in den Wald ein und folgen nach einem schattigen Rastplatz den Wegweisern nach rechts Richtung Schöppingen. Hier beginnt der Anstieg. Oben angekommen, werden Sie

Die Bergkapelle am Schöppinger Berg

3

von modernen Windmühlen begrüßt. Sie halten sich rechts und radeln am Waldrand entlang, mal leicht hinunter, mal leicht ansteigend. Sie biegen zweimal links ab und kommen, immer den Radschildern folgend, schließlich zur Bergkapelle. Ab hier können Sie das Rad hinunterrollen lassen ins Schöppinger Ortszentrum, das Sie geradeaus über die Mühlenstiege erreichen. Im Kern prunkt das historische Rathaus aus dem 16. Jahrhundert – es ist das Wahrzeichen des Orts und liegt direkt an der Route. Nach dem Rathaus radeln Sie links Richtung Metelen und biegen bei der Kirche mit gotischen Wandmalereien und wertvollem Flügelaltar rechts ab.

DURCHS VECHTE-TAL

Sie folgen den Radschildern weiter und gelangen zu einer Landstraße, der Sie kurz nach links bis zur Vechte folgen. Hier sehen Sie links von der Brücke die Brünings-Mühle; dahinter führt die Radroute rechts weiter. Der Radweg folgt jetzt der Vechte und überquert den Fluss; drüben bie-

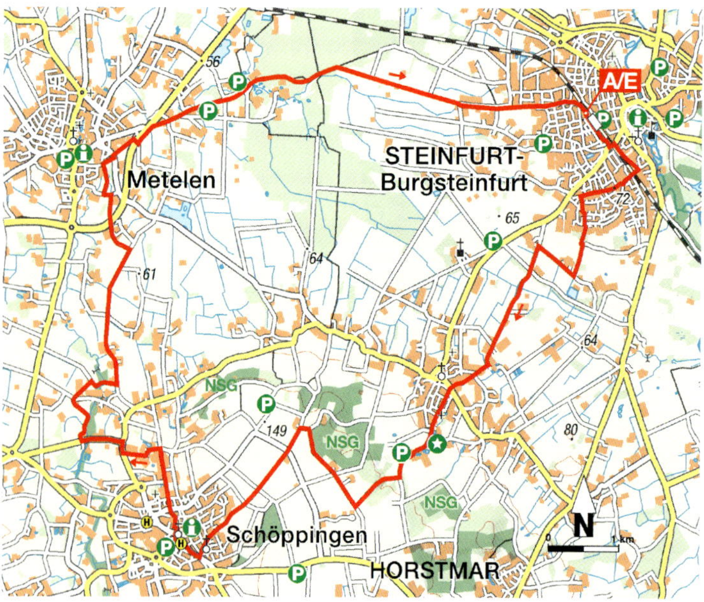

Historisches Zentrum von Schöppingen

gen Sie links auf die Nebenstraße ein und durchqueren die Bauerschaft Haverbeck. Auf dem Walkenmühlenweg und unter der Bundesstraße hindurch geht es nach Metelen. Sie halten sich an der T-Kreuzung erst links und fahren dann rechts bis zum Ende der Straße. Hier können Sie an der Vechte entlang einen Abstecher zum Ortskern machen, in dem die ehemalige Stiftskirche und eine Wassermühle am Fluss sehenswert sind. Die Route verläuft ab der T-Kreuzung rechts auf dem Nieporter-Esch weiter und dann geradeaus auf dem Radweg Richtung Burgsteinfurt. Sie unterqueren die Bundesstraße und radeln links auf dem Steinfurter Damm weiter. Die letzten Kilometer führen durch eine Allee, weit weg vom Straßenlärm, vorbei am Dino-Zoo durch einen Wald und an Feldern entlang zurück zum Bahnhof.

IM HISTORISCHEN ORTSKERN von Schöppingen gibt es mit dem stilvollen Restaurant im Akzenthotel Tietmayer eine gute Gelegenheit zum Einkehren. Auf der überschaubaren Speisekarte sind verschiedene Menüs sowie klassische und saisonale Gerichte »á la carte« zu finden, die drinnen oder auf der Außenterrasse genossen werden können. Lediglich montags und dienstags wird »á la carte« nicht angeboten (tietmeyer.de/startseite).

AUF EINEN BLICK

Info

STADT/REGION: Burgsteinfurt
BESTE REISEZEIT: April bis Oktober
OPTIMALE REISEDAUER: 2–3 Tage
TOURISTINFO: Markt 2, 48565 Steinfurt,
Tel. 02551/13 83, steinfurt-touristik.de

SEHENSWÜRDIGKEITEN

BURGSTEINFURT: Altstadt mit Wasserburg und Schlosspark (Bagno-Park), steinfurt-touristik.de
HORSTMAR: Denkmalgeschützter Ortskern mit Bauernhöfen; horstmar.de
SCHÖPPINGER BERG: Naturgebiet mit Bergkapelle, Rad- und Wanderwegen

ÜBERNACHTUNG

POSTHOTEL RIEHEMANN: Münsterstr. 8, 48565 Steinfurt, Tel. 02552/995 10, posthotel-riehemann.de **€€**
HOTEL LINDENHOF: Dumter Str. 62, 48565 Steinfurt, Tel. 02552/21 82, lindenhof-steinfurt.de **€**
CAMPING/STELLPLATZ: Wohnmobilstellplatz Steinfurt, Liedekerker Str. 70, 48565 Steinfurt

Wennings-Mühle in Leer

An der Brünning-Mühle in Haverbeck

DURCHS STEINFURTER LAND

DAUER: 2.30 Std.

HÖHENMETER: 100 Hm

LÄNGE: 30 km

SCHWIERIGKEIT: Leicht

AUSGANGS-/ENDPUNKT: Bahnhof in Steinfurt-Burgsteinfurt, Bahnhofsplatz

TOURENCHARAKTER: Rundtour durch das Steinfurter Land auf asphaltierten Rad- und Waldwegen, auf Neben- und Wirtschaftsstraßen sowie auf einer alten Bahntrasse

BESTE JAHRESZEIT: Frühjahr bis Herbst

EINKEHR UNTERWEGS: Kaum Einkehrmöglichkeiten, aber gute Gastronomie am Anfang und Ende der Tour in Burgsteinfurt, u. a. im Traditionslokal Café Schwan (cafe-schwan.de)

ÜBER DEN SCHÖPPINGER BERG

DAUER: 3 Std.

HÖHENMETER: 144 Hm

LÄNGE: 30 km

SCHWIERIGKEIT: Schwer

AUSGANGS-/ENDPUNKT: Bahnhof in Steinfurt-Burgsteinfurt, Bahnhofsplatz

TOURENCHARAKTER: Rundtour auf asphaltierten Radwegen, Neben- und Wirtschaftsstraßen durch Wald und Wiesen, am Flussufer und an Wassermühlen entlang sowie über einen Bergrücken

BESTE JAHRESZEIT: Sommer

EINKEHR UNTERWEGS: Restaurant im Akzenthotel Tietmeyer mit bodenständiger Küche und Sonnenterrasse, nette Lage gegenüber vom Alten Rathaus in Schöppingen (tietmeyer.de)

RADBAHN MÜNSTERLAND

Steinfurt

Unterwegs zum Bahntrassen-Radweg bei Coesfeld

Das Projekt »RadBahn Münsterland« betrifft die ehemalige Bahnlinie von Coesfeld nach Rheine. In Spitzenzeiten rollten über die Gleise bis zu 40 Züge pro Tag, beladen mit Kohle aus dem Ruhrgebiet. Heute wird die Bahntrasse von Joggern, Wanderern und vor allem von Radfahrern genutzt.

2009 wurde der erste Abschnitt des Bahntrassen-Radwegs eingeweiht, ein paar Jahre später erfolgte die Eröffnung der letzten Abschnitte. Der Radweg von Rheine nach Coesfeld ist heute etwa 40 Kilometer lang und bestens unterhalten. Unterwegs gibt es viel Historisches zu entdecken, wie etwa mechanische Signale, verrostete Gleise, Haltestellenhäuschen, renovierte Hektometersteine, die den Radlern als Kilometerzähler dienen, und alte Bahnhofsgebäude, die vor allem durch die Gastronomie eine neue Bestimmung erhalten haben.

UM AUF DER FAST KERZENGERADEN BAHNTRASSE nicht noch mal zu radeln, haben wir den Rückweg über den Offlumer See beschrieben. Der rund 50 Hektar große ehemalige Baggersee ist heute eine Freizeitoase par excellence mit herrlichem Sandstrand, kleiner Strandpromenade, Gastronomie, Aussichtsplattform und Rundwanderwegen (offlumer-see.de).

ÜBER DIE HISTORISCHE BAHNTRASSE NACH RHEINE

Mit dem Bahnhof Steinfurt-Burgsteinfurt im Rücken folgen Sie links dem Radweg bis kurz vor dem alten Fabrikschornstein. Hier beginnt rechts die RadBahn Münsterland Richtung Rheine. In Hauenhorst finden Sie am Dorfplatz ein interessantes Freiluftmuseum mit Fachwerkhöfen aus der benachbarten Bauerschaft. Die RadBahntrasse endet nach einem Gewerbegebiet in Rheine. Sie rollen von der Bahntrasse hinunter, stoßen auf eine Straße, der Sie rechts unter dem Viadukt hindurch folgen, radeln an der Ampelkreuzung geradeaus weiter und halten sich an der ersten Straße links. Auf ihr gelangen Sie in die Altstadt am linken Emsufer, wo

das Alte Rathaus und am Marktplatz gepflegte Bürgerhäuser sowie die Kirche Sankt Dionysius locken.
Von der Altstadt geht es zur Ems. Sie folgen dem Fluss links auf dem Emsradweg Richtung Salzbergen und passieren den Falkenhof, wo die Wurzeln der Stadt liegen. Heute ist in diesem ehemaligen Schloss ein Stadtmuseum untergebracht. Neben dem Falkenhof sind die alte Emsmühle und das historische Wehr im Fluss zu sehen. Weiter geht es durch einen Auenwald und unter den Gleisen hindurch, wonach Sie sich links halten. Ziel ist nun das Landschaftsschutzgebiet Bentlage.

NATURZOO, SALINE GOTTESGABE UND SCHLOSS BENTLAGE

Drei Sehenswürdigkeiten verstecken sich im Landschaftsschutzgebiet Bentlage zwischen altem Baumbestand und Grünflächen: der Naturzoo, die Saline Gottesgabe und das Schloss Bentlage. Dem frei zugänglichen Salinenpark begegnen Sie zuerst auf der Route. Salz ist hier das Thema,

Am Offlumer See in Neuenkirchen

Salinenpark mit Gradierwerk in Rheine

dem Sie in diesem wunderschönen Garten auf dem Gelände der ehemaligen **Saline Gottesgabe** immer wieder begegnen. Bis in die 1950er-Jahre hinein produzierte die Saline Salz für den Kurbetrieb in Bentlage. Industrielle Gebäude wie das Salzsiedehaus sind erhalten und restauriert und vermitteln interessante Einblicke in die Salzgewinnung. Am **Gradierwerk** können Sie auch heute noch gesunde salzhaltige Luft einatmen. Und nahe der Tourist-Information befindet sich ein kleiner **Kneipp-Brunnen**, in dem Sie die Arme erfrischen können.
Vom Salinenpark radeln Sie mit einem Rechtsbogen zum **Schloss Bentlage**. Der ehemalige Adelssitz geht auf ein gotisches Kloster zurück, und eine leise, heitere Atmosphäre ist durch die Ruhe und die Lage im Wald auch heute noch spürbar. Im Schloss Bentlage sind mittlerweile ein Hotel, ein Kulturzentrum sowie ein Museum untergebracht.

IN RHEINE GIBT ES vielfältige Einkehrmöglichkeiten für jeden Geschmack: von deftiger Hausmannskost bis zu asiatischen Gerichten aus dem Wok, vom herzhaften Frühstück bis zum Kaffeetisch für all jene, die es süß mögen. Ein Tipp ist die Emsgalerie in der Ortsmitte: In diesem Einkaufszentrum haben Sie die Wahl zwischen diversen Cafés und Restaurants mit kleinen Gerichten, frischen Säften und leckeren Shakes im Angebot (emsgalerie.de).

Freilichtmuseum in Hauenhorst

OFFLUMER SEE UND MAX-CLEMENS-KANAL

Vom Schloss Bentlage geht es durch eine schöne **Eichenallee** zurück Richtung Innenstadt von Rheine, wieder an der Ems entlang und am Falkenhof vorbei, wonach die Wegweiser Sie rechts Richtung Neuenkirchen leiten. Sie radeln kurz an einer stark befahrenen Straße entlang, die Sie nach den Gleisen direkt rechts auf dem Radweg verlassen. Eine herrliche Radstrecke liegt nun vor Ihnen, weit weg vom Verkehrslärm, nur Natur und guter Asphalt unter den Rädern. Ziel dieser Etappe ist der **Offlumer See** am Rand von **Neuenkirchen**. Von der Strandpromenade lässt sich fast der ganze See überblicken. Noch schöner ist die Aussicht von den zwei unübersehbaren roten Trichtern: Bis vor einigen Jahren wurden in diesen noch Kies und Sand gespült.

Nach dem Stopp am See geht es geradeaus auf dem Radweg weiter. Sie biegen allerdings schon kurz darauf links ab, dem Wegweiser »Max-Clemens-Kanal« folgend. In **Maxhafen**, beim Restaurant Fabry, steigen Sie dann links in den **Max-Clemens-Kanal-Radweg** ein. Genau hier waren einst das Zollhaus und der Endpunkt des unvollendet gebliebenen Schifffahrtskanals zwischen Münster und der niederländischen Nordsee. Die

4

ruhige und fast kerzengerade Strecke entlang des ehemaligen Kanals führt an Wiesen und Feldern vorbei. Unterwegs erfahren Sie an Stationen mit Infotafeln mehr über die Geschichte des Kanals. Bei der ehemaligen Bahntrasse verlassen Sie dann den Max-Clemens-Radweg und radeln nach rechts wieder zurück zum Steinfurter Bahnhof.

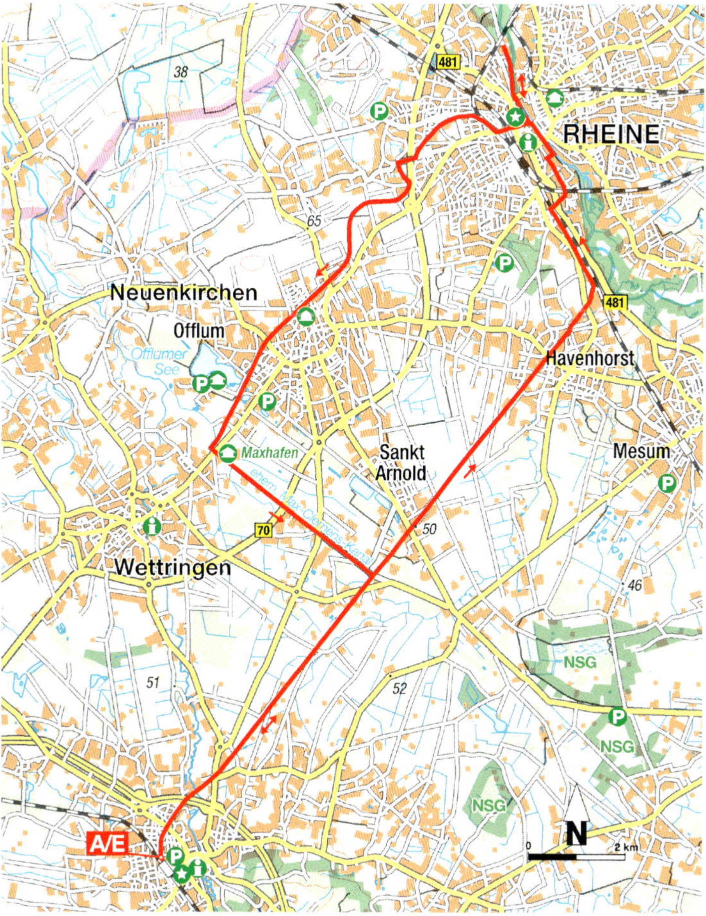

AUF EINEN BLICK

Info

STADT/REGION: Steinfurt
BESTE REISEZEIT: Mai bis Oktober
OPTIMALE REISEDAUER: 1–2 Tage
TOURISTINFO: Markt 2, 48565 Steinfurt, Tel. 02551/13 83, steinfurt-touristik.de

SEHENSWÜRDIGKEITEN

HAUENHORST: Freiluftmuseum, heimatverein-hauenhorst.de
RHEINE: Altstadt und Emspromenade, rheine.de
BENTLAGE: Schloss und Salinenpark, kloster-bentlage.de
NEUENKIRCHEN: Freizeitgebiet Offlumer See, offlumer-see.de
BURGSTEINFURT: Altstadt mit Wasserburg und Bagno-Park, steinfurt-touristik.de

ÜBERNACHTUNG

POSTHOTEL RIEHEMANN: Münsterstr. 8, 48565 Steinfurt, Tel. 02552 /995 10, posthotel-riehemann.de €€
HOTEL-RESTAURANT BAGNO: Hollich 156, 48565 Steinfurt-Burgsteinfurt, Tel. 02551/33 65, bagno-restaurant.de €€
CAMPING/STELLPLATZ: Reisemobilstellplatz, Liedekerker Str. 70, 48565 Steinfurt

◀ Informatives zum Salz im Salinenpark ▶ Ein Teil des Schlosses Bentlage

Rastplatz am Bahntrassen-Radweg

ÜBER DIE HISTORISCHE BAHNTRASSE NACH RHEINE

DAUER: 4.30 Std.

HÖHENMETER: 156 Hm

LÄNGE: 52 km

SCHWIERIGKEIT: Mittel

AUSGANGS-/ENDPUNKT: Bahnhof in Steinfurt-Burgsteinfurt, Bahnhofsplatz

TOURENCHARAKTER: Rundtour durchs Steinfurter Land auf einer ehemaligen Bahntrasse sowie auf asphaltierten Wirtschaftsstraßen und Radwegen, entlang der Ems und am Offlumer See auch über einige ungeteerte Abschnitte

BESTE JAHRESZEIT: Frühjahr bis Herbst

EINKEHR UNTERWEGS: Gute Einkehrmöglichkeiten in der Altstadt von Rheine und an der Emspromenade. Am Offlumer See das Café Ewige Liebe mit großer Terrasse und Seeblick

IM OSTEN DES MÜNSTERLANDS

Warendorf

Gemütliche Cafés am Warendorfer Marktplatz

5

Wunderschöne, malerische Altstadthäuser gruppieren sich um den Marktplatz mit gotischem Rathaus und gemütlichen Terrassencafés, Gassen und schmale Straßen führen vom Platz aus zu historischen Kirchen und Häusern aus unterschiedlichen Stilepochen und zum Bentheimer Turm, dem Rest einer ehemaligen Stadtbefestigung.

Die Geschichte der heute knapp 40 000 Einwohner zählenden Kleinstadt Warendorf geht bis weit ins 9. Jahrhundert zurück. 1224 wurde der Ort schließlich zur Stadt erhoben. Die Leineweberei sowie die Silber- und Goldschmiedekunst trugen zum Beitritt der Stadt zum Hanseverbund bei, was zu einem wirtschaftlichen Aufschwung führte, der wiederum schöne Bauten hinterließ.

Warendorf ist aber vor allem bekannt als »Stadt der Pferde«. Die Basis dafür wurde 1732 vom Preußenkönig Friedrich Wilhelm I. mit der Gründung der Verwaltung des preußischen Staatsgestüts gelegt. Knapp 100 Jahre später wurde vom Thronfolger Wilhelm III. der Grundstein für das heutige Nordrhein-Westfälische Landgestüt gelegt, das bis heute die Traditionen aufrechterhält und seine Pforten auch für Publikum fast immer offen hat. Der Außenbereich der denkmalgeschützten Stallanlagen ist jederzeit frei zugänglich, die Ställe selbst können nur während der Dienstzeiten besichtigt werden.

◀ Beim Schloss von Ketteler ▶ Kapelle in der Doppelschlossanlage Harkotten

5

ZWAR IST IN DER SOMMERLICHEN FERIENZEIT das Strandbad am Feldmarksee ziemlich voll, trotzdem lohnt es sich, hier einmal vom Rad abzusteigen und die Abkühlung im See zu genießen. Ein breiter Sandstrand mit Liegewiese dient zur Entspannung, und fürs leibliche Wohl sorgt ein Lokal mit Seeblick (sassenberg.de).

ARCHITEKTONISCHES HIGHLIGHT – ZUM DOPPELSCHLOSS HARKOTTEN

Vom **Warendorfer Bahnhof** radeln Sie beim Bahnübergang links durch die Freckenhorster Straße zur historischen **Altstadt**. Über den Marktplatz gelangen Sie zur Ems und überqueren den Fluss mittels »Zwischen den Emsbrücken«. Drüben führt die Route geradeaus weiter, und Sie folgen den Wegweisern Richtung Glandorf. Dabei passieren Sie das **Nordrhein-Westfälische Landgestüt** und lassen sich nach dem Bach von den Radtafeln rechts durch **Gröblingen** leiten. Die Strecke führt idyllisch durch Wiesen und Felder auf einer ruhigen Nebenstraße und später auf einem gut ausgebauten Rad- und Forstweg bis ins Spargeldorf **Füchtorf**. Hier folgen Sie der Straße nach rechts und orientieren sich dabei am Kirchturm. Sie radeln durch den Ortskern und verlassen Füchtorf schon bald wieder Richtung Glandorf.

Der Radweg führt nun durch ein Waldstück, nach dem Sie sich rechts halten. Statt Richtung Glandorf folgen Sie nun den Wegweisern Richtung Halle-Versmold. Nahe Harkotten radeln Sie kurz parallel an der Bundesstraße weiter. Achtung: Nicht die

Am Schlossteich in der Harkottener Doppelschlossanlage

stark befahrene Bundesstraße einfach überqueren, sondern den etwas weiter weg gelegenen Tunnel benutzen, um zu den Schlössern Harkotten zu gelangen! Die Doppelschlossanlage aus dem privaten Barockschloss von Ketteler und dem klassizistischen Schloss von Korff ist eine Besonderheit im Münsterland. Allerdings ist nur Schloss Korff zeitweise mit einer Führung zu besichtigen. Zur Anlage gehören zudem eine Kapelle und ein Nebengebäude mit dem Wappensaal, in dem sich ein Café und ein Laden befinden.

Park und Nebengebäude des Schlosses von Korff

FELDMARKSEE UND SASSENBERG

Der Feldmarksee und der Ort Sassenberg sind die nächsten Ziele. Sie radeln vom Schloss auf der malerischen Allee mit ihren alten Bäumen Richtung Osten bis zur Laerer Straße, der Sie rechts, später links folgen. Die Strecke führt an einigen idyllisch gelegenen Unterkünften vorbei, bis Sie nach dem **Landhaus Buddenkotte** auf eine Landstraße stoßen. Hier ignorieren Sie die Radschilder und folgen dem separaten Radweg links direkt an der Straße entlang. Bald danach überqueren Sie nach rechts bei einer Tischlerei die Landstraße und radeln auf einer Nebenstraße Richtung Bauerschaft Rippelbaum. Sie fahren nun über einen beschaulichen Weg entspannt zum **Feldmarksee**, den Sie an seinem Ufer passieren.
Nach dem Campingplatz geht es links zur Bundesstraße, die Sie überqueren und an einem weiteren Campingareal vorbeiradeln. Sie gelangen nach **Sassenberg**, wo die Route bei der alten **Wassermühle** und der **Barockkirche** links am **Backsteinhaus Schücking** vorbei weiterführt. Die Radwegweiser leiten Sie nun durch Wiesen und Felder zur **Ems**, der Sie kurz nach rechts folgen und so wieder nach **Warendorf** kommen.

IM SCHLOSSCAFÉ WAPPENSAAL, in einem stilvollen Nebengebäude des Doppelschlosses Harkotten, werden saisonale und regionale Gerichte sowie hausgemachte Torten serviert. Wochentags gibt es einen wechselnden Mittagstisch und sonntags ein Frühstücksbuffet (harkotten.eu).

5

UNTERWEGS IM LAND DER PFERDE

Vom Bahnhof Warendorf geht es rechts zur Freckenhorster Straße, auf der Sie die Gleise überqueren und gleich links in der Brede einbiegen. Sie folgen dieser von alten Villen gesäumten Straße und biegen am Ende links in die Düsternstraße ein. Danach nehmen Sie rechts die Splieterstraße und gleich schräg rechts die Breite Straße, auf der Sie stadtauswärts radeln. Sie folgen den Radschildern durch die Wald- und Wiesenlandschaft, biegen dann rechts ab und gelangen über den Weg Im Hagerort nach Freckenhorst mit seinem imposanten Frauenstift und den Fachwerkhäusern am Stiftsmarkt. Am Haupteingang der Stiftskirche vorbei führt die Radroute geradeaus durch den Stiftshof weiter bis zu einem Restaurant. Hier biegen Sie links auf einen schönen Radweg am Bach entlang ein. Die Route schlängelt sich in Rechts-links-Fahrt durch den Ort – orientieren Sie sich dabei an den Radwegtafeln. Am Ortsrand stoßen Sie auf eine Landstraße, der Sie nach links folgen, diese bald aber schon wieder nach rechts verlassen. Sie radeln jetzt auf dem ruhigen Windmühlenweg Richtung Everswinkel.

Arkadengang im Stift Sankt Bonifatius in Freckenhorst

5

ÜBER EVERSWINKEL UND ENTLANG DER EMS

Eine genussvolle Strecke entlang von Bauern- und Reiterhöfen führt Sie zur nächsten Landstraße, der Sie links bis zum Radwegweiser folgen, welcher Sie nach rechts leitet. Der Radweg verläuft nun über das Gelände eines Spargelhofs, anschließend durch Wald und stößt letztendlich auf die Straße, von der ein separater Radweg rechts nach Everswinkel hineinführt. Beim Kreisverkehr radeln Sie geradeaus bis zur nächsten Kreuzung und ignorieren hier die Radschilder. Stattdessen biegen Sie rechts in die Bergstraße zur Ortsmitte ein, wobei Sie sich an der Kirche orientieren. Eine kurze Besichtigung lohnen die typischen Ackerbürgerhäuser und Getreidespeicher, die im Mittelalter rund um die Kirche entstanden.
Vom Ortszentrum in Everswinkel geht es zurück durch die Bergstraße, die geradeaus übergeht in die Bahnhofstraße und aus Everswinkel hinausführt. Sie überqueren die Bundesstraße und folgen beim Kreisverkehr rechts dem separaten Radweg entlang der Landstraße. Kurz danach biegen Sie beim Bauernhof auf der linken Seite nach links auf den Erter ein - Sie sehen dann bereits den schmalen Radweg Richtung Müssingen. Es folgt noch eine Waldstrecke, bis Sie beim Radrastplatz auf den Europaradweg stoßen, dem Sie rechts nach Müssingen folgen. Sie überqueren

◀ Die Stiftskirche Sankt Bonifatius in Freckenhorst ▲ Fachwerkhaus …
▼ … und Stiftsbibliothek am Stiftsplatz in Freckenhorst

bei der Ampel geradeaus die Gleise und die Bundesstraße und biegen danach im Ort gleich in die erste Straße nach rechts ein. Jetzt sind Sie auf dem lebhafteren Ems-Radweg angelangt, auf dem Sie fast immer geradeaus radelnd zurück nach Warendorf gelangen.

AUF DER SCHLUSSETAPPE nach Warendorf weist am Wegrand ein Schild zum Hofladen Austermann mit regionalen Produkten direkt vom Erzeuger und einem netten, kleinen Café, wo es Kaffee und leckeren hausgemachten Kuchen gibt, der sich am besten auf der Außenterrasse genießen lässt (hofladen-austermann.de).

AUF EINEN BLICK

Info

STADT/REGION: Warendorf
BESTE REISEZEIT: April bis Oktober
OPTIMALE REISEDAUER: 2–3 Tage
TOURISTINFO: Emsstr. 4, 48231 Warendorf, Tel. 02581/54 54 54, warendorf.de

SEHENSWÜRDIGKEITEN

WARENDORF: Historische Altstadt und das Nordrhein-Westfälische Landgestüt, landgestuet.nrw.de
HARKOTTEN: Doppelschloss, harkotten.eu
SASSENBERG: Ortskern und Freizeitgebiet Feldmarksee, sassenberg.de
FRECKENHORST: Ensemble auf dem Stiftsplatz, warendorf-freckenhorst.de
EVERSWINKEL: Altstadtkern mit Ackerbürgerhäuser, everswinkel.de

ÜBERNACHTUNG

HOTEL JOHANN: Emsstr. 15, 48231 Warendorf, Tel. 02581/238 00, hotel-johann.de **€€**
MARKTHOTEL: Markt 11, 48231 Warendorf, Tel. 02581/789 32 83, markthotel-warendorf.de **€€**
CAMPING/STELLPLATZ: Parkplatz am Emssee, Sassenberger Str. 26, 48231 Warendorf; Stellplatz am Emswehr, Zwischen den Emsbrücken, 48231 Warendorf

ZUM DOPPELSCHLOSS HARKOTTEN

DAUER: 3 Std.
HÖHENMETER: 84 Hm
LÄNGE: 36 km
SCHWIERIGKEIT: Leicht
AUSGANGS-/ENDPUNKT: Parkplatz beim Bahnhof in Warendorf
TOURENCHARAKTER: Rundtour durch Bauernland, Wald- und Seegebiete auf meist asphaltierten Radwegen, Neben- und Wirtschaftsstraßen

▲ Rast beim Hofladen Austermann ◀ Pferdekoppel ... ▶ ... und Infotafel am Radweg nahe Everswinkel

BESTE JAHRESZEIT: Frühjahr und Sommer
EINKEHR UNTERWEGS: Schlosscafé Wappensaal, Doppelschlossanlage Harkotten (harkotten.eu); diverse Einkehrmöglichkeiten am Marktplatz in Warendorf

UNTERWEGS IM LAND DER PFERDE

DAUER: 2.30 Std.
HÖHENMETER: 100 Hm
LÄNGE: 32 km
SCHWIERIGKEIT: Leicht
AUSGANGS-/ENDPUNKT: Parkplatz beim Bahnhof in Warendorf
TOURENCHARAKTER: Rundtour durch Agrarland und beschauliche Dörfer auf meist asphaltierten Radwegen, Neben- und Wirtschaftsstraßen
BESTE JAHRESZEIT: Frühjahr bis Herbst
EINKEHR UNTERWEGS: Nur wenige Einkehrmöglichkeiten unterwegs; empfehlenswert ist das Bauerncafé Austermann (hofladen-austermann.de) und am Ende der Radtour die hervorragende Gastronomie am Marktplatz in Warendorf.

ROMANTISCHE LANDGÜTER

Drensteinfurt

Ehemaliger Herrensitz Haus Bisping in Rinkerode

6

Aus einem mittelalterlichen Hofgut an einer Wersefurt entwickelte sich das charmante Städtchen Drensteinfurt. Um seiner Geschichte folgen zu können, hat das Stadtamt einen schönen Rundgang mit Informationstafeln errichtet, der die Besucher der Stadt zu den historisch interessantesten Gebäuden und Schauplätzen führt.

Ein guter Ausgangspunkt für einen kleinen Spaziergang auf eigene Faust ist das wunderschön renovierte Fachwerkhaus Alte Post von 1647, das wohl beeindruckendste Baudenkmal im Herzen der Stadt. Ein paar Schritte nördlich davon befinden sich eine Wassermühle, die zum gegenüberliegenden Haus Steinfurt gehört, eine klassizistische Schlossanlage mit gepflegtem Park, zwei Torhäuser und ein zentrales Herrenhaus aus dem frühen 18. Jahrhundert, das allerdings privat bewohnt wird. Östlich der Alten Post liegen die geschichtlich interessante Kurze Gasse und der Kirchplatz mit der dreischiffigen Pfarrkirche Sankt Regina, die größtenteils aus Backstein errichtet wurde. Weiter südlich finden Sie den modernisierten Marktplatz mit den Straßenzügen Süd- und Westwall um den Kern. Lediglich deren Name erinnert heute noch an ihre einstige Funktion: den Schutz des Ortes.

DAS KULINARISCHE ANGEBOT im Städtchen Drensteinfurt lässt sich an einer Hand abzählen. Zu empfehlen sind für Kaffee und Kuchen das ab 12 Uhr geöffnete Eiscafé Valcellina, für den Mittagstisch das Schlossbistro oder das Haus Averdung mit Biergarten. Pizzen gibt es im La Piccola und im La Palma, Chinesisches im China Bistro. Eine Übersicht der Gastronomie finden Sie unter drensteinfurt.de.

HERRENSITZE IM GRÜNEN – REIZVOLLE PARKLANDSCHAFT

Vom Bahnhof in Drensteinfurt folgen Sie den Radtafeln durch das Gewerbegebiet und überqueren an der Ampel die Konrad-Adenauer-Straße geradeaus. Die Radtafeln führen anschließend aus Drensteinfurt hinaus.

6

Auf der ruhigen Nebenstraße Rieth radeln Sie zwischen Feldern hindurch bis zur T-Kreuzung. Sie halten sich hier rechts und biegen bei nächster Gelegenheit links Richtung Ascheberg ab. Am Ende der Straße folgen Sie kurz rechts der Bundesstraße auf dem separaten Radweg und radeln dann links in die Nebenstraße Im Hagen. Die Route führt Sie nun über die Autobahn hinweg nach **Ascheberg** hinein. Sie radeln beim Kreisverkehr geradeaus und durchqueren den Ort mit einem Linksbogen durch die Diening- und die Appelhofstraße. Hier lohnt sich ein kurzer Abstecher zum **historischen Ortskern am Kirchplatz**.

Sie verlassen den Ortskern rechts durch die Sandstraße und biegen dann links ab auf die Davensberger Straße. Bei der Ampel am Ortsrand überqueren Sie die Bundesstraße und radeln geradeaus weiter entlang des Industriegeländes, bis der Wegweiser Sie nach rechts auf die Nebenstraße Vierhagen leitet. Jetzt folgt eine recht schöne Strecke durch die Münsterländer Parklandschaft nach Davensberg. Auf dem Weg dorthin führt Sie die Tour an zwei alten, privaten Herrenhäusern vorbei: Zuerst erblicken Sie die ehemalige Ritterburg **Haus Romberg**, danach **Haus Byink**.

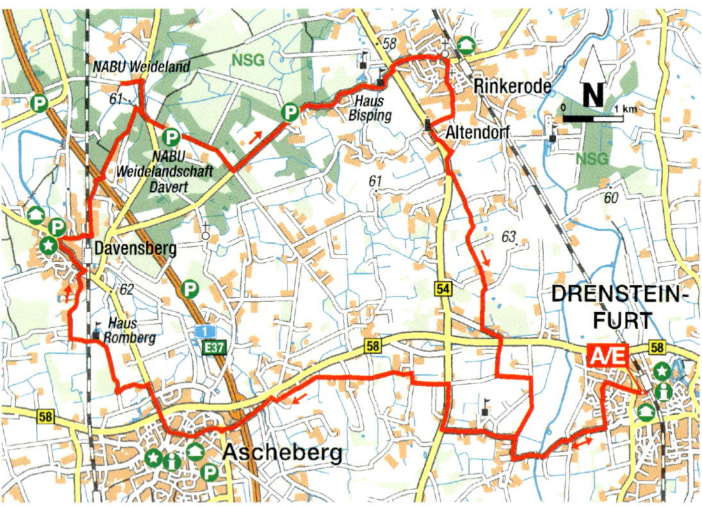

Burgturm in Davensberg

DURCH DIE DAVERT UND RINKERODE

Sie radeln an der T-Kreuzung links nach Davensberg hinein, dem Tor zum Naturschutzgebiet Davert. Ein runder Burgturm und das Fachwerkensemble bei der Kirche sind sehenswert. Beim Gasthaus Zur Davert halten Sie sich rechts Richtung Rinkerode. Sie radeln unter den Gleisen hindurch, biegen dann nach rechts und folgen anschließend geradeaus dem Waldweg. Nach der Autobahnüberquerung haben Sie das Naturschutzgebiet Davert erreicht. Nun geht es durch den Wald bis zur Durchgangsstraße, an der Sie erst rechts, dann links weiterradeln. Die nächsten Kilometer bis Rinkerode führt die Strecke durch das geschützte Waldgebiet, über das Schautafeln bei den Parkplätzen informieren.

Kurz vor Rinkerode kommen Sie zunächst zum malerisch gelegenen, privat genutzten Haus Bisping und später zum Haus Borg. In Rinkerode angekommen, radeln Sie rechts, dann links zum alten Dorfkern bei der Kirche. Vom Ortszentrum geht's an der Bäckerei/Konditorei Frede vorbei, dann folgen Sie rechts dem Wegweiser Richtung Ascheberg. Ab jetzt weisen die Radschilder den Weg durch die ruhige Bauerschaft Eickenbeck. Vorsicht bei der Überquerung der Bundesstraße! Sie erreichen Drensteinfurt beim Radrastplatz links über die Rieth und sind nun wieder auf demselben Weg, den Sie gekommen sind.

Im Zentrum von Rinkerode

IM FAMILIENGEFÜHRTEN HOTEL-RESTAURANT Clemens-August im Dorf Davensberg ist der Gast fast den ganzen Tag hindurch willkommen. In der Stube und im Biergarten wird bodenständige westfälische Hausmannskost angeboten, wie z. B. Krüstchen oder Zwiebelfleisch. Diverse hausgemachte Schnitten und Torten dürfen natürlich nicht fehlen (hotel-clemens-august.de/home).

SCHLOSS WESTERWINKEL – GOLFEN IN HISTORISCHEM AMBIENTE

Diese Tour startet ebenfalls beim Drensteinfurter Bahnhof. Sie folgen ab hier den Radtafeln durch das Gewerbegebiet und überqueren bei der Ampelkreuzung die Straße geradeaus. Die Radtafeln weisen anschließend den Weg aus dem Ort hinaus. Sie radeln auf einer Nebenstraße durch die Dorfbauerschaft Rieth bis zur T-Kreuzung, wo Sie sich links Richtung Herbern halten. Die Route verläuft jetzt auf einem Abschnitt der Burg-und-Schloss-Tour durch die Bauerschaft Forsthövel nach Herbern, wobei Sie zweimal die Bundesstraße queren.

6

In **Herbern** leiten die Radschilder im Zickzack durch den Ort Richtung Sankt-Benediktus-Kirche, dem Wahrzeichen von Herbern. Sie verlassen das Dorf links auf der Altenhammstraße hinter der Kirche. Danach überquert der Radweg die Autobahn A 1, und schon sind die Türme und die hübschen weiß-blauen Fensterflügel von **Schloss Westerwinkel** sichtbar. Bereits im Mittelalter stand dort eine Burg, das heutige Wasserschloss datiert aus dem 17. Jahrhundert. Es wurde auf einer Insel gebaut, ist umgeben von Wassergräben und besteht aus vier Flügeln mit Ecktürmen. Über die Schlossbrücke gelangen Sie in die Vorburg und weiter in den Innenhof, die beide frei zugänglich sind. Westerwinkel wurde von den Grafen von Merfeldt erbaut, die auch heute noch die Besitzer sind. Die Prunksäle sind nur für Gruppen mit Voranmeldung zu besichtigen. Der **Schlossgarten** im englischen Landschaftsstil steht aber allen jederzeit offen.

ER DAUERT GERADE MAL 50 MINUTEN, bietet aber jede Menge Abwechslung und viel Spaß: der Schnupperkurs des Golfclubs Westerwinkel, der von April bis Oktober jeden Sonntag ab 10.30 Uhr auf der Drinving Range abgehalten wird – mit individuellen Korrekturen, bis der Ball endlich fliegt (gc-westerwinkel.de).

◀ Schloss Drensteinfurt … ▶ … und die Schlossmühle in Drensteinfurt

Der Radweg führt direkt am Schloss Westerwinkel in Herbern entlang.

6

DURCH DAS NATURSCHUTZGEBIET ICHTERLOH

Vorbei an einer dicken alten Linde und dem Golfplatz radeln Sie geradeaus weiter und durch den Wald Richtung Capelle. Am Ende des Radwegs halten Sie sich links und fahren gleich rechts durch die Bahnhofstraße nach **Capelle** hinein. Ungefähr auf Höhe der Bushaltestelle biegen Sie rechts in die Ichterloher Straße Richtung Ascheberg ein. Die Strecke führt mit leichter Steigung hoch zum und quer durch das **Naturschutzgebiet Ichterloh** zur **Bauerschaft Lütke**. Hier überqueren Sie die Durchgangsstraße und radeln geradeaus über die Herberner Straße nach **Ascheberg** hinein. Ein kurzer Abstecher zum historischen Ortskern beim Kirchplatz lohnt sich.

Die Radroute führt am Ende der Herberner Straße rechts weiter durch die Dieningstraße und dann wiederum rechts durch die Steinfurter Straße. Sie radeln beim Kreisverkehr geradeaus und über die Autobahn A 1 Richtung Drensteinfurt, dann leiten die Radtafeln rechts-links auf eine Nebenstraße. Sie stoßen dann auf die Bundesstraße, der Sie rechts auf dem separaten Radweg kurz folgen und die Sie bald wieder nach links verlassen. Durch die **Bauerschaft Rieth** und den Radtafeln folgend, gelangen Sie wieder zurück zum **Bahnhof in Drensteinfurt**.

Fachwerkensemble in Ascheberg

Die Alte Post in Drensteinfurt

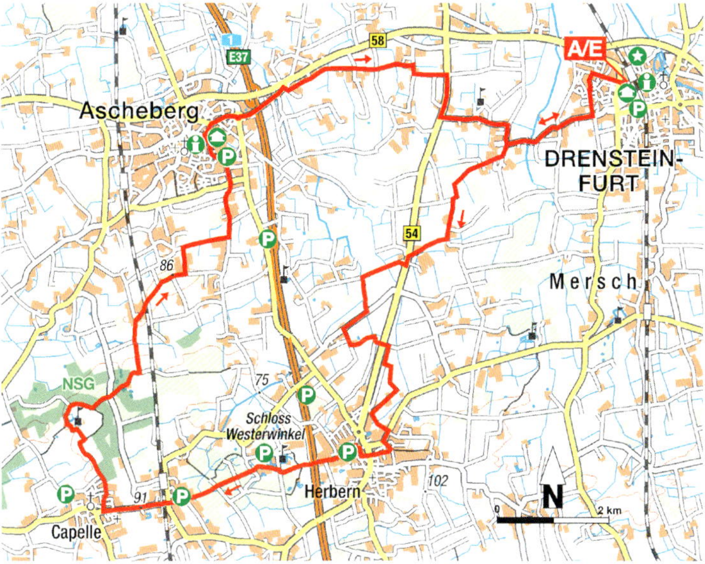

AUF EINEN BLICK

Info

STADT/REGION: Drensteinfurt
BESTE REISEZEIT: Mai bis Oktober
OPTIMALE REISEDAUER: 2–3 Tage
TOURISTINFO: Rathaus, Landsbergplatz 7, 48317 Drensteinfurt, Tel. 02508/995 10 04, drensteinfurt.de

SEHENSWÜRDIGKEITEN

DRENSTEINFURT: Historischer Ortskern, Schlossanlage und Haus Bisping, drensteinfurt.de
ASCHEBERG: Ortskern, Haus Romberg und Haus Byink, ascheberg-touristinfo.de
DAVENSBERG: Burgturm und Naturschutzgebiet Davert, davensberg.de
HERBERN: Schloss Westerwinkel, ascheberg-touristinfo.de

ÜBERNACHTUNG

HOTEL LEIB & SEELE: Sankt-Lambertus-Kirchplatz 16, 48317 Drensteinfurt-Walstedde, Tel. 02387/91 94 30 30, hotel-leib-seele.de €€
MARHOLD APARTMENTS: Sankt-Lambertus-Kirchplatz 6, 48317 Drensteinfurt-Walstedde, Tel. 0175/164 05 16, apartment-in-drensteinfurt.de €
CAMPING/STELLPLATZ: Parkplatz am Erlbad, Im Erlfeld 4, 48317 Drensteinfurt

◄ Am Radweg nahe Herbern ► Nur von außen zu besichtigen: Haus Byink

◀ Fachwerk vom Feinsten ▶ Im Zentrum von Ascheberg

HERRENSITZE IM GRÜNEN

DAUER: 3 Std.
HÖHENMETER: 74 Hm
LÄNGE: 37 km
SCHWIERIGKEIT: Leicht
AUSGANGS-/ENDPUNKT: Parkplatz beim Bahnhof in Drensteinfurt, Am Ladestrang 5
TOURENCHARAKTER: Rundtour auf asphaltierten Radwegen, Neben- und Wirtschaftsstraßen durch eine abwechslungsreiche Landschaft und vorbei an alten Herrensitzen, befestigte Radwege im Naturschutzgebiet Davert
BESTE JAHRESZEIT: Sommer
EINKEHR UNTERWEGS: Restaurant Clemens-August mit Biergarten in Davensberg (hotel-clemens-august.de)

SCHLOSS WESTERWINKEL

DAUER: 3.30 Std.
HÖHENMETER: 93 Hm
LÄNGE: 38 km
SCHWIERIGKEIT: Mittel
AUSGANGS-/ENDPUNKT: Parkplatz beim Bahnhof in Drensteinfurt, Am Ladestrang 5
TOURENCHARAKTER: Rundtour auf asphaltierten Radwegen, Neben- und Wirtschaftsstraßen durch die Münsteraner Parklandschaft
BESTE JAHRESZEIT: Frühjahr bis Herbst
EINKEHR UNTERWEGS: Golfcafé Hugo am Schloss im Schloss Westerwinkel (hugo-am-schloss.de)

PRACHTVOLLE SCHLÖSSERPARADE

Lüdinghausen

Malerisch gelegen: Burg Lüdinghausen

7

Mit seinem historischen Ortskern, gepflegten Parks, der alten Ritterburg Vischering, der Burg Lüdinghausen und vielen Restaurants und Cafés lädt Lüdinghausen zum Entdecken und Verweilen ein. Das Städtchen liegt am Ufer der Stever, und die schöne Auenlandschaft in der Umgebung macht Lüdinghausen für Radfahrer besonders attraktiv.

Anfang des 19. Jahrhunderts wurde aus Lüdinghausen eine Kreisstadt, und sie entwickelte sich langsam zum Zentrum der umliegenden Gemeinden. Die bewegte Geschichte der Stadt spiegelt sich in vielen Bauten wider. In der kleinen, historischen Altstadt sind neben Fachwerkhäusern vor allem das klassizistische Rathaus aus dem 19. Jahrhundert, die alte Wassermühle an der Stever und das Hakehaus bei der Pfarrkirche Sankt Felizitas, ein ehemaliges Armenhaus, sehenswert. Weitere Höhepunkte sind die am Ortsrand gelegenen Burgen Vischering und Lüdinghausen, Letztere ein schön restaurierter Renaissancebau aus dem 12. Jahrhundert, der heute für unterschiedliche Veranstaltungen und offizielle Empfänge genutzt wird.

DIE FAST 800 JAHRE ALTE WASSERBURG Vischering ist eine interessante Ringmantelburg. Hinter ihren dicken Mauern befindet sich ein interessantes Museum mit einer Dauerausstellung über das Leben der Burgbewohner. Interaktive Medienstationen unterstützen die Geschichten und Objekte. Der Rittersaal zählt zu den Höhepunkten, und das Untergeschoss ist ganz auf die jungen Besucher ausgerichtet, die hier spielerisch die Geschichte der Burg kennenlernen (burg-vischering.de).

ZUM WESTFÄLISCHEN VERSAILLES – SCHLOSS NORDKIRCHEN

Sie folgen ab der Tourist-Information in Lüdinghausen dem Wegweiser »Nordkirchen«, radeln schon bald am schattigen Ufer der Stever entlang und passieren die Burg Vischering. Mit ihr im Rücken radeln Sie links durch die Klosterstraße und nochmals links zur Konrad-Adenauer-Straße, die Sie geradeaus überqueren. Durch die Stadtfeldstraße geht es bis zur

7

Ostenstever, wo Sie wieder dem Wegweiser »Nordkirchen« folgen und auf einen schmalen Uferradweg einbiegen. Sie bleiben auf diesem Radweg bis zur Bundesstraße, der Sie links, vorbei am Supermarkt, bis zum Kreisverkehr folgen. Sie nehmen hier rechts den Radweg und biegen dann in die erste Straße, den Stadttannenweg, links ein. An deren Ende halten Sie sich rechts und folgen nun immer den Radschildern und Wegweisern bis nach **Nordkirchen** mit seinem alten Dorfkern und den schmucken barocken Fachwerkhäusern rund um die Kirche.
Von hier geht es links zum **Schloss Nordkirchen**. Die barocke Schlossanlage ist dank ihres Landschaftsparks auch als »westfälisches Versailles« bekannt. Der Park ist ganzjährig frei zugänglich. Geradeaus durchs Parktor gelangen Sie direkt zur imposanten Rückseite des Schlosses mit **Barockgarten** und Brunnen – das Schloss zeigt sich hier von seiner schönsten Seite. Sie radeln links weiter und kommen via Seiteneingang in den Vorhof. Im Schloss ist heute eine Fachhochschule für Finanzen untergebracht, und es ist nur an Sonn- und Feiertagen mit Führungen zu besichtigen.

IN NORDKIRCHEN ist das kulinarische Angebot groß. Für Kaffee und Kuchen bietet sich das gemütliche Café Schlaun bei der Kirche an (schlaun-cafe.de) und für eine kulinarische Entdeckungsreise das Schlossrestaurant – schon wegen des Chefkochs Franz Lauter, der zu den besten Köchen Deutschlands zählt und schon mehrfach ausgezeichnet wurde (lauter-nordkirchen.de).

◀ Historische Wassermühle in Lüdinghausen ▶ In Nordkirchen

Schloss Nordkirchen

ÜBER SELM UND DEN TERNSCHER SEE

Durch den gegenüberliegenden Seiteneingang des Vorhofs verlassen Sie die Anlage wieder und radeln immer geradeaus durch den Schlosspark zu einem unscheinbaren Seitentor. Hier geht die Tour auf einem unbefestigten Radweg weiter bis zur Durchfahrtsstraße, die Sie rechts liegen lassen können. Sie nehmen beim Gartenzentrum links die geteerte Nebenstraße und fahren, den Radschildern folgend, im sanften Auf und Ab bis nach **Selm**. Radmarkierungen weisen Sie durch Selm bis zu den Gleisen, an denen Sie gleich nach rechts dem Wegweiser »Lüdinghausen« folgen. Sie radeln um den **Ternscher See** herum, jedoch bietet sich erst am Ende des Sees beim Parkplatz eine freie Sicht aufs Wasser. Hier können Sie nach links einen Abstecher zum **Naturbad** mit Sandstrand und Strandcafé machen. Die Radroute verlässt den See rechts und führt unterhalb des **Dortmund-Ems-Kanals** entlang bis zur Kanalbrücke. Sie folgen hier rechts der ruhigen Nebenstraße. Nachdem Sie die Gleise überquert haben, gelangen Sie auf eine Landstraße, der Sie links auf dem separaten Radweg folgen. Bei der nächsten Kreuzung überqueren Sie die Straße nach rechts und radeln geradeaus auf dem Gutscheinweg weiter. Nach der Kurve halten Sie sich rechts Richtung Hotel Zum Steverstrand und kommen bald darauf zur **Alten Stever**. Die Route führt nach einer Linksschleife am anderen Ufer weiter – ab hier sind es nur noch wenige Kilometer immer am Fluss entlang bis nach **Lüdinghausen**.

Teil des Wassergrabens um die Burg Lüdinghausen

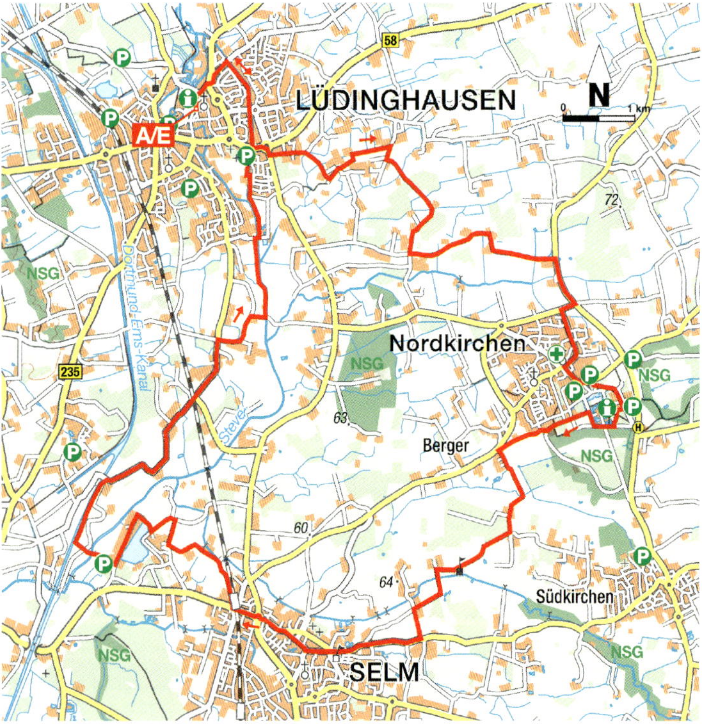

7

NATUR UND GRANDIOSE AUSBLICKE – DIE SEPPENRADER SCHWEIZ

Die ersten Kilometer ab Lüdinghausen verlaufen auf ebenen Radwegen am Wasser entlang. Sie folgen dem Wegweiser »Nordkirchen«, radeln durch den Park und werden so zur Konrad-Adenauer-Straße geleitet, die Sie geradeaus überqueren. Schon nach wenigen Minuten erreichen Sie die Ostenstever und später die Alte Stever, der Sie stadtauswärts folgen. Nach ca. 1,5 Kilometern verlassen Sie die Stever nach links, dann geht es rechts über eine Brücke. Sie halten sich an der T-Kreuzung links, überqueren kurz danach geradeaus die Straße und folgen den Radschildern, die Sie über die Gleise zum Dortmund-Ems-Kanal leiten.

Historisches Sperrwerk in der Alten Fahrt

7

Sie folgen jetzt der ausgeschilderten Radroute mit dem Kleeblatt-Logo, überqueren den Kanal und radeln gemütlich Richtung Olfen am Kanal entlang und an der stillgelegten **Alten Fahrt** mit Marina und historischem Sperrwehr vorbei. Nach diesem Denkmal führt die Route nach links und dann gleich rechts weiter. Wo einst der Kanal verlief, ist heute ein **Dammweg** angelegt, von dem sich herrliche Fernblicke bieten. Über eine gut erhaltene, steinerne **Bogenbrücke** erreichen Sie **Olfen**, das Sie später noch durchqueren. Sie bleiben auf dem Dammweg und radeln entlang der Alten Fahrt Richtung Lippe. Sie überqueren den Fluss aber nicht, sondern folgen etwa drei Kilometer hinter Olfen rechts der Nebenstraße Lehmhegge – dieser Weg ist nicht ausgeschildert!

AUENLANDSCHAFT UND SEPPENRADER SCHWEIZ

Nach der Querung der Landstraße geradeaus radeln Sie nun am **Naturschutzgebiet Lippeaue** entlang. Sie bleiben dabei weiter auf der Kleeblatt-Route zurück nach **Olfen**, wo der Radweg quer durch den Ort zur Kökelsumer Straße führt, der Sie auf dem separaten Radweg stadtauswärts folgen. Beim Landhaus Füchtelner Mühle halten Sie sich rechts.

Idyllisches Kleinod: die Steveraue

Besuchermagnet von Seppenrade: der Rosengarten

Hier können Sie einen kurzen Abstecher (ca. 500 m) zur Floßanlegestelle in den Steverauen machen, wo ein netter Rastplatz wartet. Vom kleinen Aussichtsturm bietet sich zudem ein schöner Blick auf die Stever, die Flöße und die Storchenbrutplätze im Vogelschutzgebiet. Gönnen Sie sich hier oder im Landhaus Füchtelner Mühle eine kurze Pause, bevor Sie die nächste Etappe antreten.

Ab der Mühle geht es auf ruhigen Nebenstraßen, aber mit ordentlichen Steigungen über die Hügel der Seppenrader Schweiz weiter – alle Mühe wird mit grandiosen Aussichten belohnt. Letztes Ziel vor Lüdinghausen ist das Rosendorf Seppenrade. Sie stoßen im Ort auf die Dattelner Straße, in die Sie links einbiegen und die Sie dann bei der Ampel gleich wieder nach rechts verlassen. Sie folgen jetzt der Mollgasse bis zum Rosengarten, wo Sie zur Bundesstraße radeln und dieser auf einem separaten Radweg zurück nach Lüdinghausen folgen.

Tipp

Der Rosengarten ist weit über die Landesgrenzen hinaus bekannt. Er wird ehrenamtlich von den sogenannten Rosenfrauen und -männern gehegt und gepflegt. An Wochenenden finden regelmäßig Blumen- und Bauernmärkte oder Konzerte auf der Bühne im Garten statt. Der Rosengarten ist frei zugänglich. Am besten besuchen Sie ihn in den Sommermonaten, wenn sich die Büsche in ein herrlich duftendes Blumenmeer verwandeln (seppenrade.de/rosengarten).

AUF EINEN BLICK

Info

STADT/REGION: Lüdinghausen
BESTE REISEZEIT: Mai bis September
OPTIMALE REISEDAUER: 3–4 Tage
TOURISTINFO: Borg 4, 59348 Lüdinghausen,
Tel. 02591/780 08, lhmarketing.de

SEHENSWÜRDIGKEITEN

LÜDINGHAUSEN: Historische Altstadt, Burg Vischering, Burg Lüdinghausen, Stevertal, lüdinghausen.de, burg-vischering.de
SEPPENRADE: Rosengarten, seppenrade.de
NORDKIRCHEN: Ortskern, Schloss und Schlosspark, nordkirchen.de
NATURSCHUTZGEBIETE: Steverauen, olfen.de, muensterland.com

ÜBERNACHTUNG

STEVERBETT-HOTEL: Borg 26, 59348 Lüdinghausen,
Tel. 02591/949 03 00, steverbett.de €€
PENSION BECKS: Am Dorn 29, 59348 Lüdinghausen-Seppenrade,
Tel. 02591/13 61, fewo-becks.de €
CAMPING/STELLPLATZ: Stellplatz Am Rosengarten, 59348 Lüdinghausen; Campingplatz Peters, Ondrup 18, 59348 Lüdinghausen-Seppenrade, Tel. 02591/82 15 €

SCHLOSS NORDKIRCHEN

DAUER: 2.30 Std.
HÖHENMETER: 93 Hm
LÄNGE: 34 km
SCHWIERIGKEIT: Leicht
AUSGANGS-/ENDPUNKT: Tourist-Information in Lüdinghausen, Borg 4
TOURENCHARAKTER: Abwechslungsreiche Rundtour durch die Münsteraner Parklandschaft auf asphaltierten Radwegen und teils ungeteerten Uferwegen sowie auf Nebenstraßen
BESTE JAHRESZEIT: Frühjahr bis Herbst
EINKEHR UNTERWEGS: Schlaun Café mit historischem Ambiente in Nordkirchen (schlaun-cafe.de); Strandcafé am Ternscher See

◀ Alte Fahrt ▲ Blick vom Radweg auf Olfen ▼ Rastplatz mit Infotafel in der Steverau

(ternschersee.de); gehobene Küche im Schlossrestaurant Nordkirchen (lauter-nordkirchen.de)

SEPPENRADER SCHWEIZ

DAUER: 3 Std.
HÖHENMETER: 147 Hm
LÄNGE: 33 km
SCHWIERIGKEIT: Schwer
AUSGANGS-/ENDPUNKT: Tourist-Information in Lüdinghausen, Borg 4
TOURENCHARAKTER: Rundtour durch reizvolle Fluss- und sanfte Hügellandschaften auf geteerten Radwegen und Nebenstraßen sowie auf nicht asphaltierten Radwegen an den Ufern entlang
BESTE JAHRESZEIT: Sommer
EINKEHR UNTERWEGS: Gasthof Zum Steverstrand mit Biergarten am Rand von Olfen (zum-steverstrand.de); Landhaus Füchtelner Mühle (fuechtelner-muehle.de)

NATURPARK UND SEENLANDSCHAFT

Haltern am See

Historisches Rathaus von Haltern am See

8

Wald, Wasser und einen historischen Ortskern - das haben Haltern am See und seine Umgebung den Besuchern zu bieten. Die hübsche Kleinstadt ist beliebter Ausgangspunkt für einen Aktivurlaub im Naturpark Hohe Mark und im Freizeitgebiet Halterner Stauseen. Überregional bekanntes Highlight ist das Römermuseum.

Die Altstadt von Haltern ist klein und zu Fuß leicht zu erkunden - die Tourist-Information im Rathaus am Markt hält dafür einen Stadtplan bereit, der Sie zu den historisch interessantesten und beeindruckendsten Bauwerken und Plätzen bringt. Nicht genügend Zeit für einen ausgedehnten Rundgang? Dann sollten Sie wenigstens zum Marktplatz mit seinen gemütlichen Terrassencafés radeln und einen Blick auf die Giebelhäuser und das historische Rathaus werfen. Gegenüber dem Rathaus erhebt sich die sehenswerte Sixtuskirche mit dem beeindruckenden Antwerpener Altar aus dem 16. Jahrhundert.

KEINESFALLS SOLLTEN SIE den Besuch des Römermuseums mit seinen rund 1200 Exponaten versäumen - es befindet sich nur ein paar Radminuten vom Halterner Zentrum entfernt in der Weseler Str. 100 und damit ungefähr an jener Stelle, an der sich vor rund 2000 Jahren eine der wichtigsten militärischen Anlagen der Römer befand (lwl-roemermuseum-haltern.de).

◀ Siebenteufelturm ... ▶ ... und gemütliche Cafés in Haltern am See

8

WER EINE RUNDE um die Halterner Stauseen plant, kann bereits kurz nach dem Start in Jupp's Biergarten einen Stopp einlegen, wo gute Hausmannskost geboten wird. Ein fantastischer Seeblick erwartet Sie am Ende der Runde im Restaurant Stadtmühle, wo Klassiker wie Schnitzel, Steaks und Salatteller ab dem Vormittag bis nach Sonnenuntergang serviert werden.

Eine Institution am Halterner Stausee: Jupp's Biergarten

Ab und an steht ein Bänkchen zur Rast am Halterner Stausee.

UM HALTERNER UND HULLERNER STAUSEE

Der Halterner Stausee ist einer der größten Seen der Region. Er wurde im Jahr 1930 angelegt, um das Münsterland und das Ruhrgebiet mit Wasser zu versorgen. Die erste Etappe führt am Südufer des Sees entlang. Dazu folgen Sie vom **Wanderparkplatz** in der Hullerner Str. 38 dem Radweg Richtung Hullern und radeln vorbei am Strandbad. Direkt am Biergarten Jupp halten Sie sich links und folgen dem **Uferweg**. Sie kehren dem **Halterner Stausee** alsbald den Rücken und gelangen am **Vogelschutzgebiet Hohe Niemen** entlang zum Durchgangsweg, an dem Sie bei der Ampel die Straße geradeaus überqueren. An der anderen Straßenseite folgen Sie dem Radweg rechts und biegen direkt links zum Hotel ab. Sie radeln geradeaus über den Hotelparkplatz weiter, durch den Wald und gelangen so an die **Stever**.

Die Route verläuft jetzt auf einem Waldweg durch wunderschönen Auenwald bis zum Bootsverleih. Hier steigt der Weg rechts kurz an bis zur Straße, der Sie nach links folgen. Sie halten sich nochmals links und stoßen dann auf das **Ausflugslokal Heimingshof**, bei dem Sie rechts abbiegen und durch den Wald am Ufer des **Hullerner Sees** entlang weiterradeln.

UM DEN HULLERNER SEE

Viel ruhiger wird es nun am Hullerner Stausee, der 1985 fertiggestellt wurde. Baden ist hier wegen der Trinkwassergewinnung strengstens verboten! Bei einer **Kapelle** halten Sie sich links und gelangen so direkt ans **Seeufer**.

Wechsel ans andere Ufer des Hullerner Stausees

Über die Rad- und Fußgängerbrücke mit schönem Seeblick geht es an das andere Ufer. Sie radeln jetzt geradeaus bis zur Asphaltstraße, der Sie links folgen, dann geht es auf einem sandigen Forstweg weiter durch das **Naturschutzgebiet Borkenberg** bis zum **Stauwehr**. Hier begegnen Sie wieder der Stever, deren Nordufer von schönen Häusern gesäumt wird. Sie stoßen auf die Durchgangsstraße, die Sie überqueren und der Sie dann nach rechts folgen. So gelangen Sie zum gut ausgebauten Radweg am waldreichen Nordufer des **Halterner Stausees**. Am Ende der Strecke passieren Sie den **Halterner Jachthafen** mit dem Restaurant Stadtmühle. Die Radroute führt hier unter den Gleisen hindurch, und den Radschildern nach links folgend, gelangen Sie über den Bergweg schließlich ins Ortszentrum von **Haltern am See**.

8

WO DIE STEVER IN DEN HALTERNER STAUSEE mündet, befindet sich am Südufer der Bootsverleih Wigbert. Hier können Sie u. a. Kanus, Kajaks, Tret-, Ruder- und Paddelboote mieten und mit ihnen die Seenlandschaft auch mal aus einer anderen Perspektive betrachten (bootsvermietung-haltern.de).

ZU DEN SILBERSEEN

Vom **Parkplatz am Hellweg** nehmen Sie rechts den Radweg entlang dem Hellweg zur etwa zwei Kilometer entfernten Ortschaft **Sythen**. Im Dorf radeln Sie geradeaus bis zum Kreisverkehr und biegen dort links ab Richtung Dülmen. Sie folgen dann der von schönen Fachwerkhäusern gesäumten Dorfstraße und biegen bei der ersten Möglichkeit rechts ab. Sie radeln jetzt auf den Brinkweg, bis das Radschild Sie rechts auf den Kuhlenweg leitet. An Feldern entlang erreichen Sie die Ortschaft **Lehmbraken** und

Nicht nur Menschen genießen den Strand am Silbersee II.

Der Radweg rund um die Stauseen von Haltern ist nicht asphaltiert.

folgen hier der Straße immer geradeaus. So gelangen Sie zum Silbersee III, einem der Seen, die durch die Gewinnung von Quarzsand entstanden. Die Route folgt dem Radweg am stillen Ostufer des Sees.
An seinem Ende nehmen Sie den zweiten Weg links, den Sandweg. Den Radschildern folgend, gelangen Sie rechts-links zur Durchgangsstraße im Ort **Hausdülmen**. Sie überqueren die Straße geradeaus und verlassen Hausdülmen über den Waldgarten. An der Kreuzung ignorieren Sie das Radschild geradeaus auf den Kiesweg und folgen stattdessen der Asphaltstraße rechts über einen Bach. Jetzt geht es immer geradeaus bis nach Dülmen. Am **Wildpark** mit Rotwild entlang gelangen Sie schließlich ins Zentrum von **Dülmen**.

WENN SIE INS KÜHLE NASS springen möchten, verlassen Sie die Route in Lehmbraken und folgen im Ort der Lehmbrakener Straße nach links bis zur stark befahrenen Münsterstraße. Hier geht es rechts, dann links über die Straße zum Silbersee II mit Strandbad und Gastronomie – und ein paar Meter weiter zum Nacktbadestrand (silbersee-haltern.info).

ÜBER DÜLMEN UND SYTHEN

An der Ampel in Dülmen halten Sie sich rechts und können dann nach links einen Abstecher in die Innenstadt machen. Dülmen hat zwar eine jahrhundertealte Geschichte, aber der historische Ortskern wurde am Ende des Zweiten Weltkriegs durch Bombenangriffe der Alliierten fast komplett zerstört. Nett ist das Städtchen trotzdem, etwa um am Marktplatz mit dem alten Brunnen zu verweilen und den Blick auf das wieder aufgebaute Rathaus neben der Kirche zu genießen. Sehenswert ist zudem das Lüdinghauser Tor, der einzige erhaltene Teil der ehemaligen Stadtbefestigung und das Wahrzeichen der Stadt.

Rest der einstigen Schlossanlage von Sythen

Sie verlassen durch dieses Tor die Innenstadt und biegen kurz danach rechts ab auf die Straße Am Schlossgarten. Nach einer Rechtskurve gelangen Sie auf den Mühlenweg, dem Sie links Richtung Haltern am See folgen. An der T-Kreuzung halten Sie sich links, radeln unter den Gleisen hindurch und biegen dann sofort rechts in die Nebenstraße ein. Die Radwegweiser führen Sie nun gemütlich durch ein Mosaik aus Feldern, Wiesen und Waldstücken zurück nach Sythen. Die Strecke verläuft am Fuß der **Borkenberge**, die bereits im großen **Naturpark Hohe Mark** liegen.

Zurück in **Sythen** streift die Radroute die Ortschaft dieses Mal nur am Rand: Sie folgen links den Gleisen und halten sich in der Nähe des Bahnhofs wieder links. Sie erblicken das **Wasserschloss Sythen**, das sicherlich einen kurzen Stopp wert ist. Sehenswert ist auch die gegenüberliegende historische **Wassermühle**, in der an manchen Tagen Kaffee und Kuchen angeboten werden. Sie radeln vom Schloss Sythen weiter Richtung Haltern am See und biegen nach der Brücke rechts in die Blumenstraße ein. Den Radtafeln folgend, stoßen Sie bald auf den **Halterner Stausee**, bei dem Sie rechts abbiegen. Am **Restaurant Stadtmühle** vorbei und unter den Gleisen hindurch erreichen Sie geradeaus wieder den Hellweg und dort rechts den **Parkplatz am Hellweg**.

AUF EINEN BLICK

STADT/REGION: Haltern am See
BESTE REISEZEIT: April bis Juni, September und Oktober
OPTIMALE REISEDAUER: 3–4 Tage
TOURISTINFO: Markt 1 (im historischen Rathaus), 45721 Haltern am See, Tel. 02364/93 33 65, haltern-am-see.de

SEHENSWÜRDIGKEITEN

HALTERN AM SEE: Altstadt, Römermuseum, Seebad und Seerundfahrt, haltern-am-see.de, lwl-roemermuseum-haltern.de
DÜLMEN: Marktplatz und Lüdinghauser Tor, duelmen.de
SYTHEN: Wasserschloss, schloss-sythen.nrw

ÜBERNACHTUNG

HOTEL AM TURM: Turmstr. 4, 45721 Haltern am See, hotel-amturm.de **€€**
PENSION ABENDROTH: Mühlenstr. 27, 45721 Haltern am See, Tel. 02364/46 39, pension-abendroth.de **€**
CAMPING/STELLPLATZ: Wohnmobilpark Haltern am See, Hullerner Str. 45–49, 45721 Haltern am See, Tel. 02364/92 40 27, wohnmobilpark-haltern.de **€**

Haupttor des Wasserschlosses Sythen

◀ Historische Wassermühle in Sythen ▶ Im Zentrum von Dülmen

HALTERNER UND HULLERNER STAUSEE

DAUER: 2 Std.

HÖHENMETER: 119 Hm

LÄNGE: 25 km

SCHWIERIGKEIT: Leicht

AUSGANGS-/ENDPUNKT: Wanderparkplatz, Hullerner Str. 38, 45721 Haltern am See

TOURENCHARAKTER: Rundtour durch waldreiche Seenlandschaft auf meist nicht asphaltierten Radwegen und Forstwegen entlang der Seeufer

BESTE JAHRESZEIT: Frühjahr und Spätsommer

EINKEHR UNTERWEGS: Jupp's Biergarten am Halterner Stausee (juppamsee.de); Restaurant Heimingshof, nettes Ausflugslokal in Hullern (heimingshof.de); Zur Kajüte, Einkehr mit Seeblick in Haltern (rossini-haltern.de)

ZU DEN SILBERSEEN

DAUER: 2 Std.

HÖHENMETER: 122 Hm

LÄNGE: 24 km

SCHWIERIGKEIT: Leicht

AUSGANGS-/ENDPUNKT: Parkplatz Hellweg 222 (Strandallee), 45721 Haltern am See

TOURENCHARAKTER: Abwechslungsreiche Rundtour durch Wald und Wiesen auf teils asphaltierten, teils ungeteerten Rad- und Forstwegen sowie geteerten Neben- und Wirtschaftsstraßen

BESTE JAHRESZEIT: Frühjahr und Spätsommer

EINKEHR UNTERWEGS: Diverse Einkehrmöglichkeiten im Ortszentrum von Dülmen und am Ende der Tour am Halterner Stausee

AM FUSS DER BAUMBERGE

Billerbeck

Blühender Raps begleitet den Radweg nahe Billerbeck.

9

Das Kleinstädtchen Billerbeck im Herzen des Münsterlands ist mit seiner stimmungsvollen Altstadt und bedeutenden Baudenkmälern einer der reizvollsten Orte der Region. Der Ludgerus-Dom als Wahrzeichen prägt den historischen Ortskern. Seine schlanken, hoch aufragenden Türme sind bereits von Weitem sichtbar und weisen Ihnen den Weg zur Altstadt.

Der Dom am Markt ist auch ein guter Startpunkt für einen kleinen Rundgang durch die rund 12 000 Einwohner zählende Stadt. Die Kirche wurde in sechsjähriger Bauzeit ab 1892 als neugotische Basilika errichtet, genau an jener Stelle, an der nach Überlieferungen der Heilige Liudger gestorben ist. Hier stand damals das Rathaus aus dem 17. Jahrhundert. Das heutige Rathaus neben dem Dom mit neugotischer Fassade wurde ebenfalls 1892 gebaut. Einige Gehminuten südlich des Markts trifft man in der Münsterstr. 6 auf den alten Profanbau Haus Beckebans und in der Mühlenstr. 34 auf den Richthof, ein ehemaliger fürstbischöflicher Amtshof. Ein paar Schritte weiter südlich erheben sich auf dem Johannikirchplatz die spätromanische Archidiakonatskirche Sankt Johann und einen Steinwurf weiter südlich die Kolvenburg, eine aus dem 15. Jahrhundert stammende Wasserburg an der Berkel, die heute als Kulturzentrum genutzt wird.

SANDSTEINROUTE – DURCHS NATURSCHUTZGEBIET BAUMBERGE

Mit dem Billerbecker Bahnhof im Rücken radeln Sie links zur Beerlager Straße und überqueren nach links die Gleise. Die Route geht danach gleich rechts weiter Richtung Freilichtbühne. Nach der Bühne biegen Sie links auf einen Waldweg ein, dem Sie geradeaus folgen, bis Sie auf eine Wirtschaftsstraße stoßen. Hier halten Sie sich rechts und radeln an Bauernhöfen vorbei bis zur Brücke. Vor der Brücke folgen Sie dem Radweg nach links, der parallel zu den Gleisen verläuft. Sie überqueren die Gleise nach rechts auf einer Radbrücke, wonach der Radweg gleich steil hoch durch den Wald zieht.

9

Die Strecke führt an einem Bauernhof vorbei und weiter durch ein sanft gewelltes **Naturschutzgebiet** mit schönen Ausblicken. An der T-Kreuzung links halten, unter den Gleisen hindurchradeln und dann immer geradeaus bis zur Landstraße. Hier folgen Sie rechts dem Radweg Richtung **Havixbeck**, wo kurze Abstecher zum Ortskern und zum **Sandstein-Museum** lohnen.

DAS KLEINE SANDSTEIN-MUSEUM in Havixbeck ist in einem hübschen alten Bauernhof aus Sandstein untergebracht und widmet sich der Geschichte, Gewinnung und Anwendung des Baumberger Sandsteins, auch bekannt als »Marmor des Münsterlands«. Der Besucher kann im Museumshof sogar das eigene Talent als Steinmetz erproben (sandsteinmuseum.de).

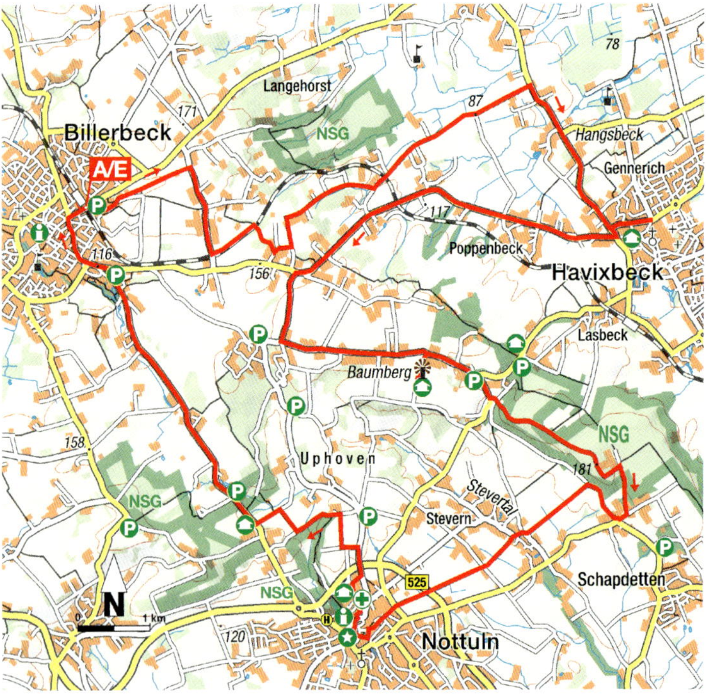

Infotafel am Fuß der Leopoldshöhe

ZUR HÖCHSTEN ERHEBUNG DES MÜNSTERLANDS

Sie folgen der Hauptstraße in Havixbeck zurück zur Landstraße und biegen rechts-links auf den Radweg entlang der Billerbecker Straße ein. Sie radeln nun in Richtung Poppenbeck und Naturschutzgebiet Baumberge. Die Straße steigt allmählich an, und nach etwa fünf Kilometern biegen Sie links auf eine ruhige Nebenstraße ab. Sie halten sich an der nächsten Kreuzung wieder links und folgen jetzt der Sandstein-Route. Eine herrliche Strecke führt hoch zum nächsten Ziel: dem 32 Meter hohen Longinusturm mit Aussichtsplattform und Gastronomie am 187 Meter hohen Westerberg, dem höchsten Punkt des Münsterlands.

Vom Turm geht es wieder zurück zur Straße, wo Sie der Sandstein-Route nach rechts weiter folgen. Bei der Kreuzung radeln Sie rechts auf dem Radweg weiter in die Baumberge hinauf. Den Wanderparkplatz zu Ihrer Linken queren Sie geradeaus und nehmen dann den Waldweg nach rechts. Die Strecke führt Sie jetzt quer durch das Naturschutzgebiet auf dem Höhenzug der Baumberge. Der ungeteerte, breite Waldweg endet bei der Gaststätte Leopoldshöhe, wo Sie das Rad auf einer Nebenstraße hinunterrollen lassen können. Unterwegs kommen Sie noch an einem alten Steinbruch vorbei, der frei zugänglich ist.

Privat genutzt: Schloss Havixbeck

ÜBER NOTTULN ZURÜCK NACH BILLERBECK

Kurz vor der Landstraße weist der Radwegweiser Sie rechts an einem kleinen Wanderparkplatz vorbei auf eine mit Obstbäumen bestandene Allee. Gleich danach radeln Sie links ins malerische Stevertal hinunter, wo Sie auf eine alte, gut erhaltene Wassermühle stoßen. Nach der Mühle halten Sie sich in der Kurve links Richtung Nottuln. Sie radeln immer geradeaus auf der Allee, überqueren die Bundesstraße und gelangen schließlich über die Burgstraße in den historischen Ortskern von Nottuln, einem der schönsten Orte des Münsterlands. Am Brunnen vorbei, verlassen Sie den Stiftsplatz und biegen rechts in die Heriburgstraße ab. Beim Parkplatz weisen Radschilder Sie links auf die Straße Buckenkamp und aus Nottuln hinaus.

Am Ortsrand geht es links auf dem Radweg neben der Landstraße weiter. Sie überqueren die Bundesstraße und verlassen die Landstraße schon bald wieder nach links Richtung Harry's Speisekammer. Wiederum liegt nun eine schöne Strecke vor Ihnen, die Sie über den Nottulner Berg führt. Nach einer Brücke halten Sie sich rechts und danach links Richtung Coesfeld. Schließlich radeln Sie am Restaurant Harry's Speisekammer vorbei und immer geradeaus zurück nach Billerbeck.

9

BEI HAVIXBECK stoßen Sie auf das urige Brauhaus Klute mit Biergarten und bodenständiger Küche (brauhaus-klute.de). Süßes gibt es im netten Café im Sandsteinmuseum (sandsteinmuseum.de), Flammkuchen im Café am Longinusturm (longinusturm.com). Auch bei den Lokalen im Zentrum von Nottuln und Billerbeck ist für jeden Geschmack etwas dabei.

DURCHS MALERISCHE STEVERTAL

Vom **Bahnhof in Billerbeck** radeln Sie Richtung Ortsmitte, biegen dann links auf die Darfelder Straße ab und folgen ihr stadtauswärts. Nach den letzten Häusern und der Ortstafel nehmen Sie rechts den Wirtschaftsweg. Die Strecke führt mit sanften Steigungen zwischen Wiesen und Äckern hindurch. Nach einem Ferienpark stoßen Sie auf eine Nebenstraße, der Sie links folgen und die Sie kurz danach wieder rechts auf dem Radweg Richtung Nottuln-Coesfeld verlassen. Eine wunderschöne Strecke durch typische Münsterländische Parklandschaft liegt jetzt vor Ihnen. Sie radeln am Rand des **Naturschutzgebiets Baumberge** entlang, wobei Sie das Rad hinunterrollen lassen können. Zurück auf einer Nebenstraße halten Sie

Noch stets funktionsfähig: Wassermühle in der Stever

9

sich links, biegen nach etwa zwei Kilometern beim Christus-Kreuz links ab und radeln durch die Bauerschaft Uphoven Richtung Sendemast hoch. Mit einer Kurve gelangen Sie ins Stevertal. Eine Infotafel am Wegrand weist auf die Steverquelle hin, die sich zwischen Bäumen nur ein paar Meter vom Radweg entfernt versteckt. Die Radroute verläuft jetzt parallel zur Stever. Bei der T-Kreuzung radeln Sie rechts und folgen gleich links der Route durchs Stevertal. Der folgende Abschnitt des malerischen Tals wird von typischen Obstwiesen, alten Bauernhöfen und Wassermühlen aus Baumberger Sandstein geprägt. Im Frühjahr zur Obstblüte ist ein Radausflug durchs Stevertal deswegen auch besonders reizvoll.

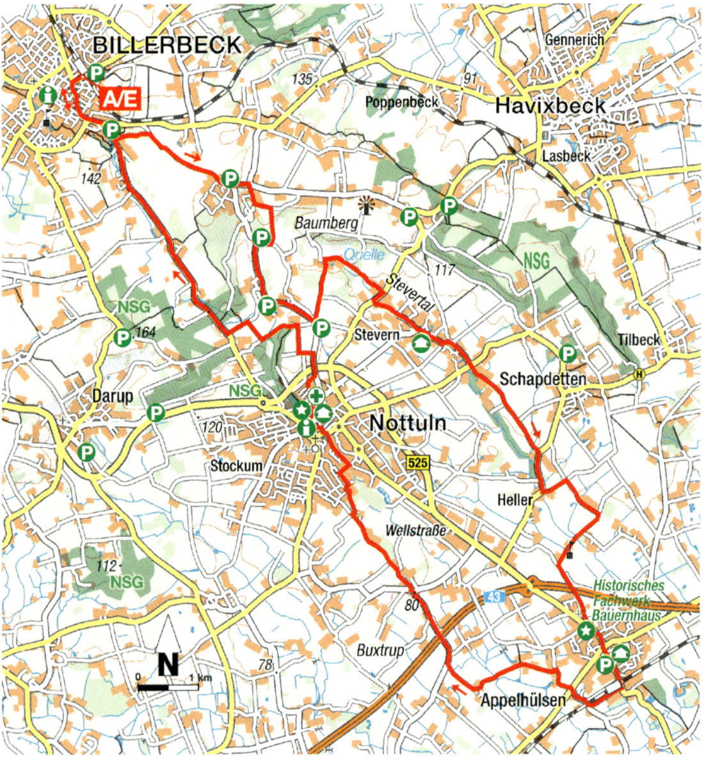

Historische Häuser am Stiftsplatz von Nottuln

ÜBER APPELHÜLSEN UND NOTTULN

Sie überqueren geradeaus die Landstraße und folgen den Radwegweisern nach **Appelhülsen**, wo **Frenkings Hof** im typisch Münsterländischen Fachwerkstil einen kurzen Stopp lohnt. Sie radeln von der Kirche in Appelhülsen durch die Bahnhofstraße weiter, biegen nach den Gleisen gleich rechts ab und überqueren nach einigen Metern wieder nach rechts die Gleise. Sie folgen jetzt der **100-Schlösser-Route**, überqueren die Autobahn und gelangen schließlich immer geradeaus in die **Nottulner Altstadt**. Von hier aus leiten Sie die Radwegweiser entlang der Landstraße nach **Billerbeck** zurück.

FORELLE IST DIE SPEZIALITÄT des traditionsreichen Gasthauses Stevertal. Der Fisch wird erst nach Ihrer Bestellung aus dem eigenen Teich hinter dem Gasthaus gefangen. Eine weitere Spezialität ist der westfälische Schinken, luftgetrocknet oder geräuchert vom hauseigenen Metzger und mit Brot serviert (gasthaus-stevertal.de).

AUF EINEN BLICK

Info

STADT/REGION: Billerbeck
BESTE REISEZEIT: Mai bis Oktober
OPTIMALE REISEDAUER: 3 Tage
TOURISTINFO: Markt 1, 48727 Billerbeck, Tel. 02543/73 73, billerbeck.de

SEHENSWÜRDIGKEITEN

BILLERBECK: Historischer Ortskern, billerbeck.de
HAVIXBECK: Baumberger Sandstein-Museum und Ortskern mit Fachwerkhäusern, havixbeck.de, sandsteinmuseum.de
NATURSCHUTZGEBIET BAUMBERGE: Mit Longinusturm (Aussichtsturm), longinusturm.com, naturschutzzentrum-coesfeld.de
NOTTULN: Historischer Ortskern, nottuln.de

ÜBERNACHTUNG

HOTEL-RESTAURANT WEISSENBURG: Gantweg 18, 48727 Billerbeck, Tel. 02543/750, hotel-weissenburg.de €€
HOTEL BILLERBECKER HOF: Schmiedestr. 20, 48727 Billerbeck, Tel. 02543/932 80, hotel-billerbecker-hof.de €€
CAMPING/STELLPLATZ: Stellplatz am Freibad, Osterwicker Straße, 48727 Billerbeck €

◀ Schultenhof in Appelhülsen ▶ Quelle der Stever

◀ Café am Nottulner Stiftsplatz ▶ Fachwerkensemble in Nottuln

SANDSTEINROUTE

DAUER: 4.30 Std.

HÖHENMETER: 332 Hm

LÄNGE: 40 km

SCHWIERIGKEIT: Schwer

AUSGANGS-/ENDPUNKT: Bahnhof Billerbeck, Am Bahnhof 1

TOURENCHARAKTER: Rundtour durch waldreiches Hügelland auf asphaltierten Radwegen, Wirtschafts- und Nebenstraßen mit steilen Abschnitten

BESTE JAHRESZEIT: Sommer

EINKEHR UNTERWEGS: Brauhaus Klute mit Biergarten am Ortsrand von Havixbeck (brauhaus-klute.de); Museumscafé Havixbeck mit Terrasse und Wintergarten (sandsteinmuseum.de); Café 18|97 am Longinusturm (longinusturm.com); mehrere Einkehrmöglichkeiten in Nottuln und Billerbeck

DURCHS STEVERTAL

DAUER: 3 Std.

HÖHENMETER: 200 Hm

LÄNGE: 36 km

SCHWIERIGKEIT: Mittel

AUSGANGS-/ENDPUNKT: Bahnhof Billerbeck, Am Bahnhof 1

TOURENCHARAKTER: Rundtour auf asphaltierten Radwegen, Neben- und Wirtschaftsstraßen durch ein Flusstal und durch sanftes Hügelland

BESTE JAHRESZEIT: Frühjahr bis Herbst

EINKEHR UNTERWEGS: Gasthaus Stevertal. Traditionslokal mit eigenem Forellenteich (gasthaus-stevertal.de); mehrere Einkehrmöglichkeiten am Stiftsplatz im Zentrum von Nottuln

BERGE UND EINE BAHNTRASSE

Coesfeld

Im alten Glanz erstellt: Schloss Varlar bei Coesfeld

10

Die Coesfelder Umgebung ist zumeist flach, abwechslungsreich und von Wäldern, Feldern, alten Höfen und liebenswerten Dörfern geprägt. Sie hat aber auch durchaus hügelige Seiten, zudem startet hier die Tour »RadBahn Münsterland«, die über eine ehemalige Bahntrasse verläuft.

Man sieht Coesfeld nicht an, dass es bereits 1000 Jahre auf dem Buckel hat. Denn Machtkämpfe, Streitigkeiten und Kriege – vor allem der Zweite Weltkrieg – haben der heutigen Kreisstadt schwer zugesetzt. Trotz allem lohnt sich ein kurzer Stadtrundgang. Am besten beginnt man am Marktplatz, wo die Tourist-Information im Rathaus aus den 1950er-Jahren einen übersichtlichen Stadtplan samt Stadtrundgang bereithält. Ab dem Platz sind die Sehenswürdigkeiten und Museen in wenigen Minuten zu erreichen. Für fast jedes Interesse ist etwas dabei, so etwa die Kirchen Sankt Lamberti und Sankt Jakobi, die ehemalige Synagoge, der Pulverturm, das Walkenbrückentor mit dem Stadtmuseum, das einstige Stadtschloss oder das Puppen- und Spielzeugmuseum.

Tipp

Zweimal wöchentlich gibt es auf dem Coesfelder Marktplatz einen schönen, lebhaften Markt mit regionalen Produkten direkt vom Erzeuger – eine optimale Gelegenheit, um eine Kleinigkeit für unterwegs einzukaufen (coesfeld.de).

◀ Ehemalige Bahntrasse in Darfeld ▶ Stadtschloss von Coesfeld

10

RADBAHN MÜNSTERLAND – AUF ALTER BAHNTRASSE

Startpunkt ist der Parkplatz beim Konzerttheater in Coesfeld. Sie radeln auf dem Radweg entlang der Osterwicker Straße stadtauswärts und folgen den RadBahn-Wegweisern Richtung Steinfurt. Unser Ziel ist Darfeld. Der Radweg auf dem Bahndamm fängt erst bei Lutum an, aber die Strecke dorthin ist schon ein Genuss. Kurz vor Lutum ist eine Steigung zu bewältigen, doch die Anstrengung wird mit atemberaubenden Fernblicken auf die typische Münsterländer Parklandschaft belohnt.

Das letzte erhaltene Stadtor von Coesfeld: das Walkenbrückentor

Pfarrkirche Sankt Fabian und Sebastian von Osterwick

Nach Lutum radeln Sie unter dem Viadukt hindurch und gleich mit einer Kurve nach links hinauf zur ehemaligen Bahntrasse. Die nächsten fünf Kilometer radeln Sie oben auf den **Bahndamm** entlang, mal mit freier Aussicht, mal zwischen Bäumen. Kurz vor Darfeld kommen Sie an einen Kreisverkehr, an dem Sie geradeaus der RadBahn folgen und den alten **Bahnhof Darfeld** erreichen, das Ende der Bahntrasse auf dieser Route. Ab hier führt die Route durch drei Dörfer langsam Richtung Coesfeld zurück.

ROSENDAHL-DARFELD, OSTERWICK UND HOLTWICK

Klein, aber fein präsentiert sich die Gemeinde Rosendahl mit ihren Dörfern Darfeld, Osterwick und Holtwick. Beim renovierten alten Bahnhof mit Café lassen Sie das Rad links hinunterrollen. Danach geht es rechts durch die Oberdarfelder Straße Richtung Dorfkirche. An der T-Kreuzung halten Sie sich links, dann nochmals links, und am Kreisverkehr biegen Sie rechts in die Osterwicker Straße ein. Geradeaus erreichen Sie eine Landstraße, die Sie nach rechts unterqueren und so gleich links zum Radweg entlang der Landstraße gelangen, dem Sie bis Osterwick folgen. Sie orientieren sich am Radschild nach rechts und fahren bei der Kurve gleich wieder rechts auf die Straße nach Geitendorf. Danach gelangen Sie über den Tillyweg links ins Zentrum von **Osterwick**. Für ein kleines Dorf hat Osterwick eine erstaunlich große Dorfkirche – sie mutet fast wie ein Dom an.

Die Radschilder weisen den Weg durchs Dorf. Kurz vor dem Ortsrand biegen Sie rechts in die Straße Am Diepenweg ein und radeln dann links

10

auf den Rierkweg. An Feldern und dem Vogelschutzgebiet Osterwick vorbei geht's nach Midlich, wo Sie die Straße überqueren und ihr rechts folgen. Beim Industriegelände weist das Radschild Sie nach links auf den Hasenbusch und zur Landstraße. Sie überqueren die Straße, folgen ihr kurz nach rechts und verlassen sie dann wieder nach links. Nochmals links haltend kommen Sie schließlich nach Holtwick. Im Ort fahren Sie rechts, radeln in einem Bogen um die Kirche herum und folgen dem Wegweiser zum Bahnhof, wo Sie die Gleise auf dem schmalen Rad- und Fußweg überqueren. Ab hier folgen Sie rechts-links den Radtafeln zurück nach Coesfeld.

Tipp

In Holtwick lohnt ein kurzer Abstecher zum Torhaus, einem sehenswerten historischen Fachwerkgebäude von 1670 im gepflegten Generationenpark und gemütlichem Rastplatz, wo Sie die Füße strecken und/oder auf einer Holzbank das mitgebrachte Picknick verzehren können (rosendahl.de).

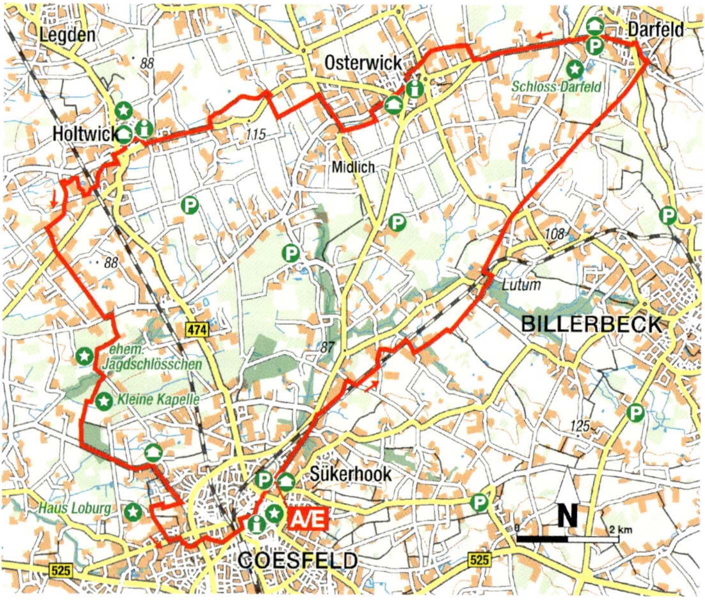

Die Steigungen im Coesfelder Hügelland sind nicht sehr kräfteraubend.

COESFELDER BERGE – IM AUF UND AB DURCHS HÜGELLAND

Diese Tour beginnt in **Billerbeck** (s. Highlight 9), wo Sie vom Bahnhof Richtung Ortsmitte radeln. Im Ortskern biegen Sie rechts auf den Radweg entlang der Darfelder Straße ab, radeln beim Kreisverkehr links und fahren dann die Straße geradeaus bis zur Ampelkreuzung bei der Feuerwache. Sie überqueren hier die Straße geradeaus und folgen dem Radschild gleich rechts hinunter. Die Radroute verläuft zunächst auf einem schmalen Kiesweg am Stadtrand entlang, den Sie später nach links Richtung Coesfeld verlassen. Am Ende der Straße in **Osthellen** halten Sie sich links und folgen danach in der Kurve der Radroute rechts weiter Richtung Coesfeld. Sie radeln nun allmählich hinauf zu den **Coesfelder Bergen**, überqueren die Landstraße geradeaus und lassen das Rad auf einer Nebenstraße Richtung Gerleve hinunterrollen. An der T-Kreuzung halten Sie sich rechts und biegen an der nächsten Kreuzung rechts auf die wieder ansteigende Landstraße ab. Auf ihr erreichen Sie das **Benediktinerkloster Gerleve** mit frei zugänglicher Kirche.

Der Radweg führt gegenüber dem Kloster und leicht ansteigend durch weite Kulturlandschaft weiter. Nach ca. 1,5 Kilometern weist das Radschild Sie rechts zu einer Landstraße, die sie links-rechts überqueren. Jetzt können Sie das Rad in den Coesfelder Bergen hinunterrollen lassen. Sie

Ein Ort der Ruhe, zur Besinnung und zum Einkehren: Kloster Gerleve

10

gelangen zu einer Kreuzung, an der Sie links einen Abstecher zur Stadt Coesfeld machen können, die Route führt aber rechts weiter und folgt den Wegweisern Richtung Schloss Varlar.

ÜBER VARLAR UND DARFELD

Den Radtafeln folgend, gelangen Sie über Land- und Nebenstraßen entlang moderner **Windmühlen** und unter Gleisen hindurch schließlich zu einem Waldstück. Hier queren Sie den **Varlarer Mühlbach**, wonach Sie auf einem Waldweg rechts das **Schloss Varlar** erreichen. Leider ist das Schloss in Privatbesitz, und Sie müssen sich mit einem Blick vom Radweg aus auf den eleganten Adelssitz zufriedengeben. Nach dem Schloss geht

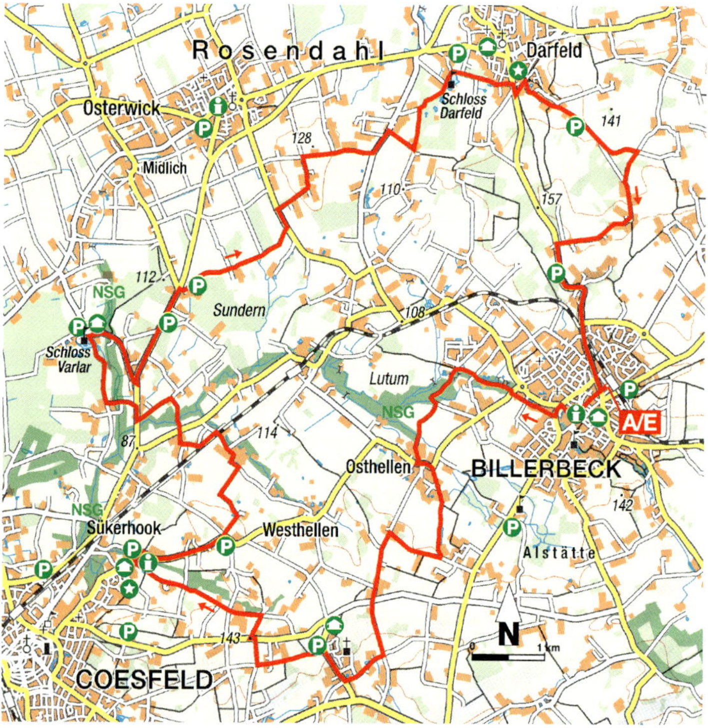

Im Sommer taucht der Raps die Landschaft in ein leuchtendes Gelb.

es geradeaus weiter Richtung Billerbeck. Sie halten sich links und radeln auf dem separaten Radweg entlang der Landstraße bis zur Kreuzung. Hier biegen Sie rechts auf die Straße Dorfbauerschaft ein und radeln durch Wald und entlang von Feldern Richtung **Darfeld**. Sie erreichen den Ort links über einen etwas holperigen Forstweg und stoßen direkt an der Route auf das **Wasserschloss Darfeld**, das vom Radweg aus sichtbar ist. Vom Schloss ginge es rechts ins Dorf Darfeld, unsere Route führt aber geradeaus weiter. Sie radeln an einer Schranke vorbei und am Dorfrand in Richtung Laer. An der T-Kreuzung halten Sie sich rechts und an der nächsten Kreuzung links. Radeln Sie aber nicht auf dem Radweg (Tafel »RadBahn«) hoch, sondern nehmen Sie die Nebenstraße, an der das Radschild Sie vor den ersten Häusern rechts auf einen schmalen Kiesweg Richtung Laer leitet. Der Kiesweg geht bald in einen asphaltierten Weg durch sanftes Hügelland über. An der Kreuzung nach dem Waldstück fahren Sie rechts Richtung Billerbeck zurück und müssen nun noch einmal ordentlich in die Pedale treten. Bei der Landstraße biegen Sie dann links auf den Radweg ein und können ab dem Restaurant das Rad nun hinunterrollen lassen, immer geradeaus bis zur Bahnhofstraße, die Sie zurück zum Ausgangspunkt in **Billerbeck** bringt.

IN DER GASTSTÄTTE DER ABTEI GERLEVE haben Sie um die Mittagszeit die Wahl zwischen Fisch, Fleisch oder vegetarischen Gerichten. Dazu gibt es köstlichen Wein aus der Klosterkellerei, und zum Nachmittagskaffee locken süße Spezialitäten aus der Klosterkonditorei (abtei-gerleve.de).

AUF EINEN BLICK

Info

STADT/REGION: Coesfeld
BESTE REISEZEIT: Mai bis Oktober
OPTIMALE REISEDAUER: 2–3 Tage
TOURISTINFO: Markt 8, 48653 Coesfeld,
Tel. 02541/93 90, coesfeld.de

SEHENSWÜRDIGKEITEN

ABTEI GERLEVE: Klosteranlage in schöner Lage, abtei-gerleve.de
ROSENDAHL: Schloss Darfeld und Schloss Varlar,
schloss-darfeld.de, salm-horstmar.de
COESFELD: Stadtkern mit Resten der Stadtbefestigung, coesfeld.de
BILLERBECK: Schöne Altstadt, billerbeck.de

ÜBERNACHTUNG

HOTEL HASELHOFF: Ritterstr. 1–3, 48653 Coesfeld, Tel.02541/942 00,
hotel-restaurant-haselhoff.de **€€**
HOTEL STEPHANUS: Overhagenweg 3, 48653 Coesfeld,
Tel. 02541/92 24 80, stephanus.eu **€€**
CAMPING/STELLPLATZ: Wohnmobilstellplatz, Osterwicker Str. 39,
48653 Coesfeld **€**

RADBAHN MÜNSTERLAND

DAUER: 3 Std.
HÖHENMETER: 149 Hm
LÄNGE: 36 km
SCHWIERIGKEIT: Mittel
AUSGANGS-/ENDPUNKT: Parkplatz beim Konzerttheater in Coesfeld, Osterwicker Str. 63
TOURENCHARAKTER: Rundtour auf asphaltierten Nebenstraßen, Rad- und Wirtschaftswegen durch die Münsterländer Parklandschaft
BESTE JAHRESZEIT: Frühjahr bis Herbst
EINKEHR UNTERWEGS: Wenige Einkehrmöglichkeiten. Das Bahnhofscafé Darfeld hat nur am Wochenende geöffnet; Restaurant Haselhoff in Coesfeld-Zentrum (hotel-restaurant-haselhoff.de)

▲ Fahrradstraße bei Billerbeck ◀ Haus Holtwick in Rosendahl ▶ Klosterkirche Gerleve

COESFELDER BERGE

DAUER: 4 Std.
HÖHENMETER: 297 Hm
LÄNGE: 40 km
SCHWIERIGKEIT: Mittel
AUSGANGS-/ENDPUNKT: Bahnhof Billerbeck, Am Bahnhof 1
TOURENCHARAKTER: Rundtour durch sanftes Hügelland, Wald- und Agrargebiet auf asphaltierten Radwegen, Neben- und Wirtschaftsstraßen, kürzere Abschnitte auf ungeteerten Waldwegen
BESTE JAHRESZEIT: Frühjahr und Sommer
EINKEHR UNTERWEGS: Nette Gaststätte in der Abtei Gerleve (abtei-gerleve.de); Restaurant Weissenburg in schöner erhöhter Lage mit Blick auf Billerbeck (hotel-weissenburg.de); Domcafé Frede im Herzen Billerbecks (domcafe-frede.de)

NATUR UND KULTUR

Borken

Lohnt einen Stopp: das Wasserschloss Raesfeld samt Park

11

Eine der ältesten und lebendigsten Städte im Westmünsterland ist Borken. Die mittelgroße Stadt mit vielen Cafés, Restaurants, einigen Sehenswürdigkeiten und dem Freizeitgebiet Pröbstingsee verspricht Vergnügen, und die reizvolle Auenlandschaft der Bocholter Aa sowie Schlösser und Burgen prägen ihre Umgebung.

Das Highlight schlechthin in der Umgebung ist das romantische Wasserschloss Raesfeld. Seine Ursprünge gehen bis ins 12. Jahrhundert zurück: Zunächst als Ritterburg errichtet, kam das Anwesen der Grafen von Raesfeld gegen Ende des 16. Jahrhunderts in den Besitz der Blaublütigen Von Velen, die die Burg ab Mitte des 17. Jahrhunderts zu einem Renaissance-Schloss umbauen ließen. Mit dem Tod des letzten Grafen Mitte des 18. Jahrhunderts starb gleichzeitig auch das Geschlecht der Velen aus. Danach blieb das Schloss oft unbewohnt und verfiel allmählich. Im 19. Jahrhundert wurden Teile des Schlosses abgerissen, und die gesamte Anlage wurde als landwirtschaftlicher Gutshof genutzt. Nach dem Zweiten Weltkrieg begann man mit der Restaurierung, und es zog die Handelskammer von Nordrhein-Westfalen in die altehrwürdigen Mauern ein. Heute beherbergt das Schloss die Ausbildungsstätte der Handwerkskammer, daneben werden viele Räume und der Innenhof für kulturelle Veranstaltungen genutzt.

◀ Strandatmosphäre im Borkener Zentrum ▶ Historisches in Borken

11

DIE »FREIHEIT« GEGENÜBER von Schloss Raesfeld ist ein wirklich traumhaft schöner Rastplatz mit diversen Einkehrmöglichkeiten. Wer Lust auf Frühstück oder Mittagsessen, auf ein Bier oder eine Limonade, auf deftige Kost oder lieber auf eine süße Versuchung hat – beim Schloss Raesfeld ist für jeden Geschmack und zu jeder Tageszeit etwas dabei.

ZUM SCHLOSS RAESFELD – IMPOSANTE ARCHITEKTUR

Vom **Bahnhofsparkplatz in Borken** geht es links durch die Bahnhofstraße zum Kreisverkehr. Hier radeln Sie geradeaus durch die Straße Wilbecke ins Zentrum und biegen links auf den Radweg Richtung Raesfeld ab. Sie folgen dem Radweg, den Wegweisern und Radtafeln durch Borken und fahren unter der B 67 durch. Direkt nach der Unterquerung nehmen Sie rechts den Weg Sonnenbrink, dann rechts den Haus-Döring-Weg. **Gut Döring** und seine alte Mühle sind zwischen den Bäumen sichtbar, aber

St. Remigius in Borken

Fachwerkbauernhof in Marbeck

in Privatbesitz. Sie stoßen dann auf die Bundesstraße, der Sie links auf dem separaten Radweg folgen. Den nächsten Radwegweiser beachten Sie nicht, er führt rechts über holperige Radwege! Stattdessen radeln Sie noch etwa einen Kilometer geradeaus weiter und biegen dann rechts beim Wegweiser »Rogeriushaus« auf die Rogeriusstraße ein. Sie folgen nun dieser ruhigen Nebenstraße und passieren Bauernhöfe, Felder und die **Isselquelle** mit kleinem Rastplatz.

Über den Vennekenweg erreichen Sie **Raesfeld**. Beim Kreisverkehr radeln Sie geradeaus über den Hohen Weg und biegen bei der Kreuzung rechts in die Straße Sankt Sebastian, die zur Schlossallee führt. Das **Schloss** steht am Südrand von Raesfeld in einer hübschen mittelalterlichen Siedlung und macht mit seinen Türmen, Brücken und farbenfrohen Fensterläden einen wirklich märchenhaften Eindruck. Zum Schloss gehört auch ein **Tiergarten** aus dem 17. Jahrhundert, heute ein frei zugänglicher Naturpark mit modernem Besucherzentrum. Sie können einen Abstecher zum Tiergarten machen und ihn über Wander- und Radwege erkunden. Ansonsten radeln Sie vom Schloss zurück zur Schlossallee, an der Sie dann den Wegweisern zum kleinen Ortskern rund um die alte Kirche folgen. Dort biegen Sie links in die Borkener Straße und folgen ihr in nördlicher Richtung aus Raesfeld heraus.

Regionales Museum beim Schloss Raesfeld

RÜCKWEG ÜBER MARBECK

Von Raesfeld geht es auf einer ruhigen Nebenstraße durch Agrarland und entlang von Bauernhöfen bis nach Marbeck (die Route ist anfangs nicht ausgeschildert!): Am Ortsrand von Raesfeld biegen Sie rechts in den Heetwissenweg ein, überqueren die Bundesstraße auf einer Brücke und radeln danach gleich links auf der Schulten Matt. Sie folgen alsdann rechts dem Siepenweg und an der Gabelung wiederum rechts der Hessebree bis zur zweiten Kreuzung. Hier biegen Sie rechts in den Hungerweg ein, der Sie nach **Marbeck** führt. Von dort folgen Sie den Wegweisern mit dem AC-Logo zurück nach **Borken**.

Tipp

Am Ortsrand von Marbeck stehen rechts das denkmalgeschützte Haus Engelrading und gegenüber das Heimathaus mit einem Rastplatz und einem frei zugänglichen Wassertretbecken, wo Sie ganz nach Herzenslust Ihre Füße á la Kneipp erfrischen können (marbeck.de/heimatverein).

11

ZUM PRÖBSTINGSEE UND NACH RHEDE – RADELN, BADEN, KLETTERN

Eine Tafel mit dem Aa-Logo begrüßt die Radfahrer beim Bahnhof in Borken. Sie folgen hier dem Wegweiser »Bocholt-Rhede« nach links durch die Bahnhofstraße bis zum Kreisverkehr. Hier radeln Sie geradeaus durch die Wilbeckestraße weiter und halten sich in der Ortsmitte an den Wegweiser rechts Richtung Bocholt. Den Radwegweisern nun folgend, gelangen Sie zwischen Häusern und durch den Stadtpark zur Neumühlenallee, der Sie links auf dem separaten Radweg stadtauswärts folgen. Sie unterqueren die Bundesstraße und gelangen so mit einem Bogen zur Bocholter Aa. Nun folgt eine landschaftlich genussvolle Strecke am Flussufer entlang. Der Radweg trifft direkt auf den Pröbstingsee, ein beliebtes Borkener Freizeitgebiet mit guter Infrastruktur, und führt am gesamten Südufer des Sees entlang, vorbei am Café Bootshaus und weiter zum Badesee mit Campingplatz.

Anlegestelle im Pröbstingsee

11

Beim Kletterwald überqueren Sie die Straße und radeln links unterhalb einer unschönen Mülldeponie entlang. An der Gabelung wenden Sie sich nach links und folgen nun weiter dem Radweg mit dem Aa-Logo. Sie treffen schon bald wieder auf die Aa und gelangen ihr folgend nach Krechting und zum **Wehr mit Wasserkraftschnecke**. Der Radweg führt über die Staumauer und weiter am Rande von Krechting zur Landstraße. Hier können Sie dem Aa-Radweg folgen und eventuell einen Abstecher nach Bocholt machen, wonach Sie über die 100-Schlösser-Route wieder nach Rhede gelangen. Unsere Radtour folgt hingegen ab der Landstraße der Flamingo-Route bis nach Rhede hinein – sie führt unter der Bundesstraße hindurch, links durch den Park und dann immer geradeaus ins Ortszentrum.

VON RHEDE NACH BORKEN

Im beschaulichen Rhede treffen Sie rings um den Markt auf verschiedene Gaststätten und Restaurants, wo sie eine Pause einlegen können und von den Gastgärten den Blick auf die neugotische Sankt-Gudula-Kirche, das Wahrzeichen der Stadt, genießen. Ab dem Markt folgen Sie dem Burgplatz, radeln vorbei am Apothekermuseum und biegen dann links in die Schlossstraße ein. Beim privaten Wasserschloss Rhede geht es rechts durch die Schlossallee und später auf dem Prinzenbusch zurück Richtung Borken. Auf ruhigen Radwegen entlang von Feldern und durch Waldstücke gelangen Sie wieder zum Pröbstingsee. Nach dem Café Bootshaus radeln Sie rechts zur Landstraße, der Sie nur kurz links folgen. In der Kurve

Blickfänger im Zentrum von Rhede: die Kirche Sankt Gudula

beginnt dann links ein schattiger Radweg, angelegt auf der Straße der **ehemaligen Baumbergebahn**. Er führt kerzengerade zurück nach **Borken**. Zum Abschluss der Tour können Sie noch einen Rundgang durch Borken machen und u. a. das Alte Rathaus, die fünf mittelalterlichen Stadttürme und die Überreste der Stadtmauer besichtigen.

DAS CAFÉ-RESTAURANT BOOTSHAUS am Pröbstingsee lockt mit seiner wunderschönen Lage am Wasser. Das einfache Selbstbedienungslokal ist eine prima Adresse, um eine Kleinigkeit zu essen oder um mit einem Drink auf der Terrasse die Aussicht auf den See zu genießen. Da kommt richtig Urlaubsstimmung auf! Auch abends lohnt es sich, noch mal hierher zu radeln, denn die Sonnenuntergänge von der Terrasse aus beobachtet sind oft spektakulär (bootshaus-proebstingsee.de).

AUF EINEN BLICK

Info

STADT/REGION: Borken
BESTE REISEZEIT: Mai bis Oktober
OPTIMALE REISEDAUER: 2–3 Tage
TOURISTINFO: Markt 15, 46325 Borken, Tel. 02861/93 92 52, borken.de

SEHENSWÜRDIGKEITEN

BORKEN: Altes Rathaus, Stadttürme, Freizeitgebiet Pröbstingsee, borken.de
SCHLOSS RAESFELD: Mittelalterliches Wasserschloss und »Freiheit«, raesfeld.de
RHEDE: Hallenkirche, Schloss und Pralinen-Manufaktur, rhede.de, pralinen-manufactur.de

ÜBERNACHTUNG

STADTHOTEL BORKEN: Raesfelder Str. 2, 46325 Borken, Tel. 02861/825 28 00, stadthotel-borken.de **€€**
HOTEL HAUS FLIEDERBUSCH: Hohe Oststr. 20, 46325 Borken, Tel.02861/922 50, haus-fliederbusch.de **€€**
CAMPING/STELLPLATZ: Stellplatz am Aquarius Freizeitbad, Parkstraße, 46325 Borken **€**

ZUM SCHLOSS RAESFELD

DAUER: 2.30 Std.
HÖHENMETER: 87 Hm
LÄNGE: 30 km
SCHWIERIGKEIT: Leicht
AUSGANGS-/ENDPUNKT: Parkplatz beim Bahnhof in Borken, Bahnhofstr. 13
TOURENCHARAKTER: Rundtour durch Wald- und Agrargebiet auf asphaltierten Wirtschaftswegen, Nebenstraßen und Radwegen
BESTE JAHRESZEIT: Frühjahr bis Herbst
EINKEHR UNTERWEGS: Zahlreiche Einkehrmöglichkeiten rund um Schloss Raesfeld und im Stadtkern von Borken

▲ Stromschnellen in der Bocholter Aa ◀ Ehemaliger Wachturm in Borken
▶ Einkehrmöglichkeit im Zentrum von Rhede

PRÖBSTINGSEE UND RHEDE

DAUER: 3 Std.

HÖHENMETER: 100 Hm

LÄNGE: 34 km

SCHWIERIGKEIT: Leicht

AUSGANGS-/ENDPUNKT: Parkplatz beim Bahnhof in Borken, Bahnhofstr. 13

TOURENCHARAKTER: Rundtour auf asphaltierten Wirtschaftswegen und teils ungeteerten Rad- und Uferwegen durch eine Flusslandschaft und ein Waldgebiet

BESTE JAHRESZEIT: Frühjahr und Herbst

EINKEHR UNTERWEGS: Café und Biergarten Bootshaus am Pröbstingsee (bootshaus-proebstingsee.de); weitere Einkehrmöglichkeiten am Marktplatz in Rhede und am Ende der Tour im Zentrum von Borken

ROSAROTES VENN – DER WESTEN

Vreden

Das Bauernhof-Museum im Zentrum von Vreden

12

Im Westzipfel des Münsterlands liegt die Kleinstadt Vreden mit einem überschaubaren, hübschen historischen Kern, in dem das Alte Rathaus am Markt, das moderne Kulturzentrum KULT, die alte Wasserkraftzentrale in der Berkel und vor allem die Bauernhofanlage im Stadtpark besonders sehenswert sind.

Das Highlight in diesem Westzipfel ist allerdings das Zwillbrocker Venn an der deutsch-niederländischen Grenze. Jedes Jahr von April bis Juli tauchen zahlreiche Flamingos das Venn in ein zartes Rosa. Mit etwas Glück können die exotischen Vögel dann beobachtet werden, denn sie lassen sich vom Menschen keineswegs aus der Ruhe bringen – ausreichend Abstand vorausgesetzt. Etwa 50 karibische Flamingos wechseln im Frühjahr von ihrem Winterquartier ins Zwillbrocker Venn, wo sie in dem von Mooren, Flachseen und Feuchtwiesen geprägten Naturschutzgebiet genügend Nahrung vorfinden. Die rosaroten Vögel erwartet man eigentlich nicht so weit nördlich in Europa. Angenommen wird, dass sie einst aus privaten Einrichtungen entflohen sind und sich im Lauf der Jahre bestens an das Klima angepasst haben.

ZUM ZWILLBROCKER VENN – AUF ZU DEN FLAMINGOS

Beginn der Radrunde ist der Parkplatz beim KULT in Vreden. Zunächst folgen Sie kurz dem schattigen Radweg am Fluss Richtung Westen und beachten dann links den Wegweiser »Zwillbrock«. Die Route führt im Zickzack aus dem Ort und geradeaus über die Ringstraße zur Bauerschaft Gaxel. Eine ruhige Nebenstraße leitet Sie die nächsten Kilometer abwechselnd durch Wald und entlang von Weiden und Feldern. Ab und an begegnen Sie Informationstafeln mit Wissenswertem über die Natur und Kultur der Grenzregion, wie z. B. beim Aussichtsturm am Ellewicker Feld, wo man auf Infotafeln viel über die Flamingos nachlesen kann; vom Turm selbst kann man aus einigen Metern Höhe einen ersten guten Blick auf die umgebende Flora und Fauna genießen, was Sie sich keinesfalls entgehen lassen sollten.

12

ÜBER DIE GRENZE NACH ZWILLBROCK

Nach dem Turm kommen Sie an eine T-Kreuzung. Hier ignorieren Sie den Wegweiser rechts nach Zwillbrock, biegen stattdessen links auf den schmalen Radweg Richtung Meddo ein und überqueren kurz danach die Staatsgrenze. **Alte Grenzsteine** sind die einzigen heute noch sichtbaren Zeichen des Grenzverlaufs. In den **Niederlanden** folgen Sie den Radschildern mit dem Logo der **Flamingo-Route** nach rechts über einen Wirtschaftsweg, vorbei an niederländischen Höfen und Blumenzüchtern. An der Landstraße folgen Sie rechts der farbigen Radspur bis zum **Top 54**, einem Rad-Orientierungspunkt mit Infotafel. Hier radeln Sie wiederum rechts über das **Kloppendiek** zurück nach Deutschland Richtung Zwillbrock. Kurz danach beginnt ein unbefestigter Radweg – ein Hinweis darauf, dass Sie das **Naturschutzgebiet Zwillbrocker Venn** erreicht haben. Das Venn ist übrigens nicht natürlich entstanden: Im 17. und 18. Jahrhundert wurde in der Grenzregion aus wirtschaftlichen Gründen Torf gestochen, was großflächige, aber nicht tiefe Mulden hinterließ. Die Mulden füllten sich schließlich mit Wasser und entwickelten sich so langsam zu einer besonderen Landschaft, die nach und nach verschiedene Vögel anzog

Infozentrum in der biologischen Station des Zwillbrocker Venns

Wenn sie offen ist, dann werfen Sie einen Blick in die Kirche von Zwillbrock.

und wegen ihrer Bedeutung letztendlich unter Naturschutz gestellt wurde. Sie radeln jetzt am Westrand des Naturschutzgebiets weiter und treffen hier auf die **Westkanzel**, einen hölzernen Aussichtspunkt zur Beobachtung der verschiedensten Wasservögel. Geradeaus weiter stoßen Sie auf das **Hotel-Restaurant Kloppendiek** mit Gastgarten und werden überrascht von der **Barockkirche Zwillbrock**, denn so eine monumentale und prunkvolle Kirche erwartet man nicht in diesem kleinen Dorf: Das Gotteshaus entstand im 18. Jahrhundert, zu Zeiten des Glaubensstreits zwischen Protestanten und Katholiken. Ein paar Radminuten weiter liegt die **Biologische Station Zwillbrock** mit guten Informationen über das Naturschutzgebiet und seine Bewohner.

LUST AUF PFANNKUCHEN? Dann lohnt sich ein Abstecher zu den niederländischen Nachbarn. Gäste loben die riesigen traditionellen Pfannkuchen im Café-Restaurant Haak en Hoek. Es gibt sogar eine eigene Pfannkuchen-Karte mit großer Auswahl, aber auch andere niederländische Klassiker werden hier serviert, wie etwa Tosti's (Toast), Kroketten, Uitsmijter (Strammer Max) oder Hühnerspieße mit Erdnusssauce. Dazu gibt's ein nettes Plätzchen im Freien, denn das Lokal liegt am Rand des Zwillbrocker Venns, ca. 500 Meter vom Radweg entfernt (haakenhoek.nl).

Malerisch und idyllisch: das kleine Zentrum von Ammeloe

12

DORFIDYLLE AMMELOE

Hinter der Barockkirche Zwillbrock biegen Sie rechts in den Radweg ein, radeln danach links, den Wegweisern Richtung Haaksbergen folgend, und überqueren schließlich die Landstraße leicht versetzt nach links. Ammeloe ist das nächste Ziel. Die Radroute führt Sie durch die stille Agrarlandschaft des Crosewicker Felds. Sie stoßen bei Top 20 nochmals auf die niederländisch-deutsche Grenze, fahren aber rechts und gleich wieder links weiter auf deutschem Boden Richtung Haaksbergen.

Bei Crosewick verlassen Sie den Radweg nach Haaksbergen und radeln zur Landstraße, der Sie links auf dem baulich getrennten Radweg folgen. Über die Berkel und beim Kreisverkehr geradeaus radelnd, gelangen Sie dann rechts nach Ammeloe hinein. Sehenswert ist im Ort der denkmalgeschützte historische Kring: Hier wurden die Häuser ringförmig um die Kirche herum gebaut. Nur wenige Gassen führen in den alten Dorfkern hinein. Ab Ammeloe erreichen Sie, den Radwegweisern folgend, nach knapp sieben Kilometern wieder den Ausgangspunkt in Vreden.

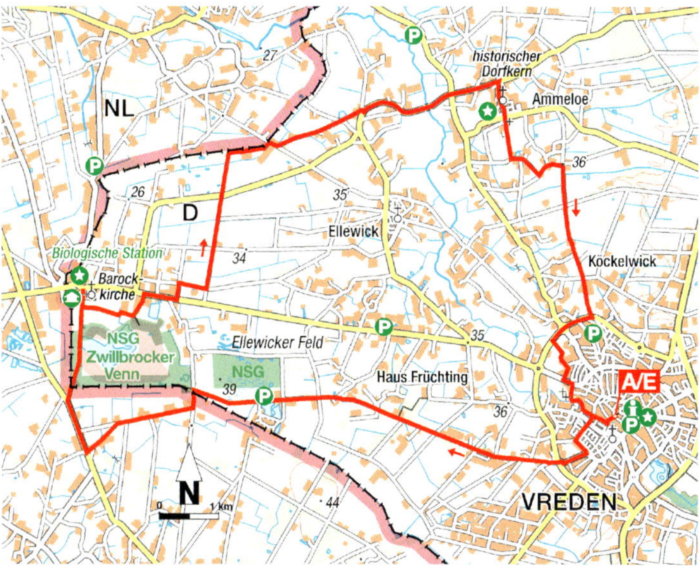

AUF EINEN BLICK

Info

STADT/REGION: Vreden
BESTE REISEZEIT: März bis Oktober
OPTIMALE REISEDAUER: 1–2 Tage
TOURISTINFO: Vreden Stadtmarketing, Kirchplatz 14, 48691 Vreden, Tel., 02564/989 91 99, stadtmarketing-vreden.de

SEHENSWÜRDIGKEITEN

NATURGEBIET ZWILLBROCKER VENN: bszwillbrock.de
MUSEUMS-HOFANLAGE FRÜCHTINGHOFF: Stadtpark, 48691 Vreden, Tel. 02564/950 89 27, buergerstiftung-vreden.de
KULT – KULTUR UND LEBENDIGE TRADITION WESTMÜNSTERLAND: Kirchplatz 14, 48691 Vreden, Tel. 02564/989 91 00, kult-westmuensterland.de
VREDEN: Im Ortskern Altes Rathaus am Markt und Stiftskirche am Kirchplatz, stadtmarketing-vreden.de
ZWILLBROCK: Barockkirche, barockkirche-zwillbrock.de
AMMELOE: Historischer Dorfkern, vreden.de

ÜBERNACHTUNG

HOTEL MEYERINK: Up de Bookholt 42–52, 48691 Vreden, Tel. 02564/931 60, hotel-meyerink.de €€
HOTEL-RESTAURANT AM KRING: Kring 6–8, 48691 Vreden-Ammeloe, Tel. 02564/930 80, amkring.de €€
HOTEL KLOPPENDIEK: Zwillbrock 8, 48691 Vreden, Tel. 02564/91 20, kloppendiek.de €€
CAMPING/STELLPLATZ: Ottensteiner Str. 59, 48691 Vreden, Tel. 0160/230 98 69, camping-vreden.de €

◀ Vredener Bauernhof-Museum ▶ Biologische Station Zwillbrocker Venn

◀ Karibischer Flamingo ▲ Berkel bei Ammeloe ▼ Hotel/Restaurant Kloppendiek beim Zwillbrocker Venn

ZUM ZWILLBROCKER VENN

DAUER: 2.30 Std.
HÖHENMETER: 38 Hm
LÄNGE: 29 km
SCHWIERIGKEIT: Leicht
AUSGANGS-/ENDPUNKT: Parkplatz beim KULT in Vreden, Up de Bookholt 16
TOURENCHARAKTER: Rundtour auf asphaltierten Radwegen, Neben- und Wirtschaftsstraßen mit kurzen Abschnitten auf ungeteerten Pfaden und Forstwegen
BESTE JAHRESZEIT: Frühjahr und Sommer
EINKEHR UNTERWEGS: Das Restaurant Kloppendiek in Vreden bietet westfälische Küche und Kuchen aus eigener Backstube, netter Biergarten (kloppendiek.de); Gasthof Zur Alten Post in Ammeloe, uriges Lokal mit regionaler Küche (zur-alten-post-ammeloe.de); Pfannkuchen in vielen Variationen bietet das Grenzrestaurant Haak en Hoek in den Niederlanden (haakenhoek.nl).

Legden

Mitten im Zentrum von Legden erstreckt sich der Dahliengarten.

13

Das beschauliche Legden ist einer der malerischsten Orte der Region und weit über die Landesgrenzen hinaus wegen seines Dahliengartens bekannt: Rund 160 verschiedene Dahlien kann man hier bewundern. Der Garten ist eine Oase der Ruhe und Ort für diverse Veranstaltungen, wie etwa dem traditionellen »Tag der Dahlie« im August.

Legdens historischer Ortskern ist überschaubar, er breitet sich östlich der Sankt-Birgida-Kirche und beidseitig der Gassen Busshook und Hahnenhook aus. In der romanischen Kirche aus dem 3. Jahrhundert ist vor allem das aus Buntglas bestehende Wurzel-Jesse-Fenster sehenswert, das den Stammbaum Jesu zeigt. Aus den Patrizier- und Bürgerhäusern im Fachwerkstil, die sich im Busshook aneinanderreihen, heben sich das Haus Wessling und das Haus von Hülst hervor, während der Hahnenhook noch über historisches Kopfsteinpflaster verfügt.

IM TAL DER DINKEL – NATUR UND KULTUR PUR

Natur und Kultur verbindet diese Radroute. Sie folgen dem Oberlauf der Dinkel im Westen des Münsterlands und durchqueren Wald, Wiesen und kleine Ortschaften mit gut erhaltenen, historischen Ortskernen. Malerische Gassen und Plätze, beeindruckende Klöster und Bürgerhäuser, alte Fachwerkgiebel und Ziegelfassaden erzählen besondere Geschichten, ganz nach dem Motto »klein, aber fein«.
Die Radtour startet beim Parkplatz in der Vikar-Entrup-Straße im Zentrum von Legden, und Sie ignorieren gleich das Radschild nach rechts. Stattdessen halten Sie sich links und folgen der Straße Stiege, später dem Fliegenmarkt. Kurz vor der Bundesstraße biegen Sie schräg rechts in den Mückenmarkt ein. Am Ende der Straße geht es dann nach links, und an der T-Kreuzung im Gewerbegebiet verlassen Sie Legden rechts über die Nebenstraße Neue Mühle. Schon bald erreichen Sie die unscheinbare, ruhig fließende Dinkel, die sich durch vorwiegend flaches Agrarland schlängelt und von ihrer Quelle bis zur Mündung eine Länge von fast 90 Kilometern erreicht.

13

NACH HEEK UND NIENBORG

Die Dinkel entspringt südwestlich von Legden und fließt bis in die Niederlande. Der kleine Fluss begleitet Sie nun auf dem Weg nach Heek. Die Route führt ab Legden zwischen Äckern und Wiesen hindurch, zunächst am rechten Ufer entlang. An der Kreuzung biegen Sie links ab und radeln jetzt weiter auf einer Etappe der **100-Schlösser-Route**. Den Radschildern folgend, queren Sie die **Dinkel**, und kurz danach führt die Route rechts und somit am linken Flussufer weiter. Bei der alten Backsteinmühle neben dem **Landgasthof Düstermühle** können Sie eventuell eine kurze Pause einlegen. Die Wassermühle gilt als eine der ältesten der Region und war ursprünglich Eigentum des Stifts Asbeck, an dem Sie später noch vorbeikommen werden.

Sie queren auf der Mühlenbrücke nochmals die Dinkel. Die Radroute führt nun links weiter und geradeaus über die Landstraße schließlich nach **Heek**. Dort angekommen, halten Sie sich rechts und folgen den Radwegweisern und dem Logo der 100-Schlösser-Route durch den Ort, vorbei an der Kirche **Sankt Ludgerus**. Den Ortskern lassen Sie vorerst links liegen. Nienborg ist das nächste Ziel und nur einen Steinwurf von Heek entfernt. Unterwegs dorthin kommen Sie an einem unscheinbaren Bach vorbei und stoßen erneut auf die Dinkel.

Natur und Agrarland wechseln sich am Dinkelufer ab.

Historisches Stadttor von Nienborg

In Nienborg werden Sie von einer malerischen alten Wassermühle begrüßt, idyllisch gelegen am Fluss. Nienborg ist der kleine Nachbar von Heek, aber um einiges älter: Vor mehr als 800 Jahren entstand hier am Ufer der Dinkel eine Burg im Auftrag des Fürstbischofs von Münster. Ihre Hauptaufgabe bestand darin, die wichtige Handelsroute zwischen Münster und den Handelsstädten in den Niederlanden zu schützen. Die Burg entwickelte sich zur mächtigsten Festung der Region. Teile der Befestigung sind noch erhalten. Sie erreichen die Denkmäler ab der Wassermühle durch die Hauptstraße, dann müssen Sie die erste Möglichkeit rechts abbiegen in die Gasse Burg.

Die Neue Burg ist eine mittelalterliche Ringburganlage, geschützt von meterdicken Mauern. Ihr geschlossener Charakter ist bis heute erhalten geblieben – die Anlage wirkt wie ein Dorf im Dorf. Das erste Baudenkmal, dem Sie hier begegnen, ist das Hohe Haus. Es stammt zum Teil aus dem 14. Jahrhundert und wirkt noch wie eine typische Ritterburg. Das Haus ist mit einem für das Münsterland typischen Dreistaffelgiebel geschmückt. Das Hohe Haus sowie das nahe Lange Haus, das heute von der Musikakademie genutzt wird, waren Teil der sogenannten Oberburg. Zu Ihrer Linken lag die Unterburg. Sehenswert sind zudem nach der Kirche das Haus Keppelborg, und beeindruckend ist das alte Burgtor. Sie passieren dieses Torhaus fast wie in alten Zeiten und verlassen somit das historische Burggelände. Die Radroute führt nach rechts durch die Hauptstraße zurück nach Heek. Gleich nach der Brücke links erreichen Sie wieder den Kiesweg am Bach Richtung Heek, auf dem sie gekommen sind.

In Nienborg befindet sich eine der schönsten Wassermühlen der Gegend.

13

DER GASTHOF DÜSTERMÜHLE am Radweg zwischen Legden und Heek ist eines der ältesten Restaurants in der Region. In rustikalem Ambiente oder im Freien genießen Sie gute Hausmannskost (duestermuehle.de). Wer lieber später einkehrt, dem sei das Gasthaus Der Grieche unter den Linden in der ehemaligen Stiftsanlage Asbeck empfohlen (facebook.com/dergriecheunterdenlinden).

VON HEEK ÜBER ASBECK RETOUR

Wieder beim Sportplatz in Heek angelangt, radeln Sie dieses Mal geradeaus Richtung Ortsmitte und folgen jetzt der Flamingo-Route. Sie verläuft links durch die Bahnhofstraße und bei der evangelischen Kirche rechts im Zickzack durch den Ort zum Markt, an dem einige alte Fachwerkhäuser erhalten geblieben sind. Hier halten Sie sich links und radeln dann rechts zum Kreisverkehr. Damit verabschieden Sie sich von Heek, von der Flamingo-Route und auch von der Dinkel.

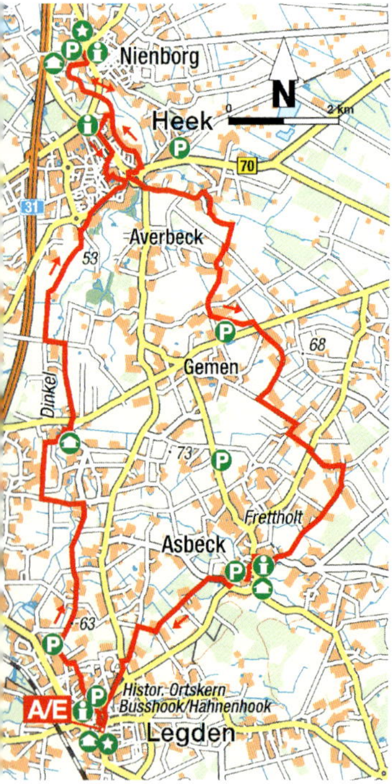

Jetzt halten Sie sich an den Wegweiser »Legden« und nehmen nach dem Fluss links den Averbecker Weg. Sie biegen beim Rastplatz rechts auf die Nebenstraße Fürstenstiege ab und radeln weiter durch die Dorfbauerschaft Richtung Asbeck. Immer den Radschildern folgend, erreichen Sie das geschichtsträchtige Asbeck (s. Tipp). Nach der Ortsdurchquerung stoßen Sie am Rand von Asbeck auf eine Straße, an der Sie rechts und gleich wieder links abbiegen und durch den Wald Legden erreichen. Den Radschildern folgend, gelangen Sie schließlich ins Ortszentrum des rund 7000 Einwohner zählenden Legden.

Statue des legendären »Wilden Bernd« in Nienborg

DIE HUNNENPORTE GIBT ZUGANG zum Asbecker Zentrum. Auf den ersten Blick erscheint es, als betrete man einen Dorfkern, doch der Schein trügt, denn bei diesem wunderschönen Ensemble aus Fachwerkhäusern handelt es sich um eine Klosteranlage. Sie wurde von Wickerus von Wettringen im 12. Jahrhundert als Doppelkloster gegründet. 1173 wurde die Anlage zum reinen Nonnenkloster umgewandelt, in dem bis zur Säkularisation 1805 etwa 40 Frauen ständig lebten. Von der Klosteranlage noch erhalten geblieben sind die ehemalige Stiftskirche Sankt Margareta, das Torhaus von 1630 und verschiedene Wohnhäuser und Wirtschaftsgebäude wie die Klostermühle oder das Backhaus. Besonders interessant ist das Dormitorium: Es war das Haus der Äbtissin und wird heute u. a. als Standesamt genutzt. Bemerkenswert ist die zweistöckige Arkadengalerie des Kreuzgangs beim Dormitorium, die im 19. Jahrhundert im Bau des Münsteraner Diözesanmuseums integriert war, 1966 aber wieder abgerissen wurde und schließlich 2004 an ihrer alten Stelle zurückkam. Im modernen Anbau der Galerie befindet sich eine permanente Ausstellung über die Geschichte des Stifts (heimatverein-asbeck.de).

AUF EINEN BLICK

Info

STADT/REGION: Legden
BESTE REISEZEIT: Juli bis Mitte Oktober
OPTIMALE REISEDAUER: 1–2 Tage
TOURISTINFO: Verkehrsverein des Dahliendorfs Legden, Hauptstr. 32, 48739 Legden, Tel. 02566/91 02 60, legden.de

SEHENSWÜRDIGKEITEN

DAHLIENGARTEN LEGDEN: Kirchplatz. 2, 48739 Legden, Tel. 01573/388 05 01, dahliengarten-legden.de
HISTORISCHES ENSEMBLE NIENBORG: Festung und mittelalterliche Ringburganlage, Burgasse, 48619 Heek-Nienborg
STIFT ASBECK: Imposante Anlage mit ehemaliger Klosterkirche, Stiftsmuseum im Dormitorium, Theresen-Kabinett im Torhaus des Stifts und Sonderausstellungen in der modernen Kreuzganggalerie, heimatverein-asbeck.de

ÜBERNACHTUNG

LANDHOTEL HERMANNSHÖHE: Haulingort 30, 48739 Legden, Tel. 02566/930 00, landhotel-hermannshoehe.de **€€**
PENSION FARWERK: Lindert 4, 48739 Legden, Tel. 02566/18 41, pension-farwerk.de **€**
CAMPING/STELLPLATZ: Wohnmobilstellplatz am AquAhaus, Unterortwick 32, 48683 Ahaus, Tel. 02561/822 99

◀ Dormitorium, Arkadengalerie … ▶ … und Klosterkirche des Stifts Asbeck

Im historischen Kern von Legden

IM TAL DER DINKEL

DAUER: 3 Std.
HÖHENMETER: 110 Hm
LÄNGE: 35 km
SCHWIERIGKEIT: Leicht
AUSGANGS-/ENDPUNKT: Parkplatz Vikar-Entrup-Str. 5 in Legden
TOURENCHARAKTER: Rundtour durch Fluss- und Kulturlandschaft auf asphaltierten Radwegen, Nebenstraßen und Wirtschaftswegen sowie auf Kieswegen entlang der Dinkelufer
BESTE JAHRESZEIT: Sommer und Herbst
EINKEHR UNTERWEGS: Landgasthof Düstermühle, Ausflugslokal mit regionaler Küche und idyllischer Lage bei der Wassermühle an der Dinkel (duestermuehle.de); Der Grieche unter den Linden in Asbeck bietet mediterrane Gerichte mit Blick auf die Stiftskirche; der Gasthof Alt-Legden im Ortszentrum ist eine nette Adresse, um den Tag ausklingen zu lassen.

STADT DER GLOCKENGIESSER

Gescher

Die Radtour verläuft quer durch das Zentrum von Gescher.

14

In Gescher dreht sich seit Jahrhunderten fast alles um Glocken, was im Westfälischen Glockenmuseum anhand einer schönen und informativen Sammlung von Glocken in allen Formen und Größen nachvollziehbar ist. Noch heute werden mit alten Verfahren und Traditionen Glocken gegossen.

Einen guten Einblick in die Kunst des Gießens erhalten Sie in der Glocken- und Kunstguss-Manufaktur Petit & Gebrüder Edelbrock in der Hauptstr. 5, eine der letzten Gießereien Deutschlands, in der seit dem 17. Jahrhundert vor allem Kirchenglocken gegossen werden. Die Besichtigung ist nur mit einer Führung möglich (petit-edelbrock-gescher.de).
Das Glockenmuseum befindet sich auf dem Gelände des Museumshofs auf dem Braem am Rand der Altstadt. Der Hof vermittelt mit seinen Fachwerkgebäuden wie Schuppen, Heimat- und Backhaus, einem Bauern- und Kräutergarten sowie vielen Ausstellungsstücken einen guten Einblick in das einfache und harte Alltagsleben der Bauern zu Beginn des 19. Jahrhunderts.

ENDE SEPTEMBER/ANFANG OKTOBER wird in Gescher alljährlich ein Erntedankfest abgehalten, bei dem der Museumshof zum Leben erwacht und die Besucher mit regionalen Speisen verwöhnt werden. Buchweizenpfannkuchen und Bauernstullen, Schinken und Mettwürste stehen dabei ebenso auf der Menükarte wie Kaffee und hausgemachter Kuchen – guten Appetit! Das jeweils genaue Datum erfahren Sie unter stadtmarketing-gescher.de/events.

◀ Glockenmuseum in Gescher ▶ Wochenmarkt in Stadtlohn

14

SCHLINGE UND BERKEL – ZWEI FLUSSRADWEGE

Flussradwege haben ihren ganz besonderen Reiz. Auf dieser Tour folgen Sie auf der ersten Etappe der Schlinge, danach der Berkel. Startpunkt ist der Parkplatz beim Museumshof in Gescher. Am Glockenmuseum vorbei geht es durch die Lindenstraße bis zum Kreisverkehr. Hier folgen Sie den Radschildern schräg nach rechts und biegen gleich links auf den Südlohner Damm ein. Durch diese Allee verlassen Sie Gescher.

Die nächsten zehn Kilometer folgen Sie der Schlinge-Route Richtung Südlohn, einer ruhigen Strecke durch Wald, entlang von Maisfeldern und blühenden Wiesen. Die Schlinge entspringt hier zwischen Gescher und Südlohn. Sie ist am Beginn unscheinbar, ein Rinnsal mit vielen Windungen und Kehren, die Sie ab und an überqueren, aber erst in Südlohn so richtig zu Gesicht bekommen. Breiter wird die Schlinge erst nach der Grenze in den Niederlanden. Die vielen Windungen der über 55 Kilometer langen Schlinge, hervorgerufen durch ein geringes Gefälle, gaben im Übrigen dem Fluss seinen Namen.

Kräutergarten und Fachwerkscheune im Museumshof von Gescher

DURCH SÜDLOHN UND STADTLOHN

In **Südlohn** radeln Sie geradeaus und an einer **Windmühle** von 1812 vorbei, dem Wahrzeichen des Orts, wo sich eine kurze Verschnaufpause lohnt. Nebenan stehen noch eine alte Dampfmühle, eine Sägemühle und das Müllerhaus. Der Radweg führt links weiter zwischen den Häusern hindurch zum Fluss. Unterwegs schimmern zwischen den Bäumen die weißen Mauern des **Hauses Lohn** hindurch. An dieser Stelle stand schon im Mittelalter ein Schloss; der heutige Herrensitz stammt aus dem 18. Jahrhundert und ist nur von außen zu besichtigen. Weiter geht es an der Schlinge entlang zur Ortsmitte rund um die Kirche mit ihrem bereits von Weitem sichtbaren mächtigen Turm. Bei der Kirche radeln Sie links durch die Einkaufszone Kirchstraße und biegen dann links und gleich rechts in die Straße Doornte ein, der Sie geradeaus folgen. Sie halten sich danach rechts und orientieren sich ab jetzt an den Radwegweisern »Stadtlohn«, dem nächsten Ziel der Route.

Fachwerkensemble im Gescherner Museumshof

Unterwegs verabschieden Sie sich von der Schlinge. Im Zickzack führt der Radweg nun durch eine von grünen Wiesen, Mais- und Getreidefeldern geprägte Landschaft, vorbei am **Biohof Lesker**, direkt nach **Stadtlohn**. Den Radwegschildern folgend, gelangen Sie ins Ortszentrum von Stadtlohn, das mit seinem vielfältigen Angebot an Geschäften und Restaurants der wohl lebendigste Ort an der Route ist. Die **Stadtmühle** an der Berkel sowie die Kirche und das Rathaus am Markt sind die markantesten Monumente. Besonders sehenswert sind zudem das **Haus Hakenfort**, das älteste Bürgerhaus der Kleinstadt, und nicht zuletzt der **Marktpütt** neben der Kirche.

FRISCHES GEMÜSE UND KRÄUTER sind bei bioLesker Familiensache. Die Produkte aus nachhaltigem ökologischem Landbau finden ihren Weg in über 1000 Bioläden in ganz Deutschland. Im eigenen Hofladen erwarten Sie u. a. biologisch angebaute Gurken und Tomaten, aber auch Eier vom bioLesker-Hühnermobil, dazu eine große Auswahl biologisch erzeugter Lebensmittel wie Käse, Wurst oder Wein von diversen Partnern. Hoffentlich haben Sie noch Platz in der Radtasche! bioLesker liegt direkt an der Radstrecke Richtung Stadtlohn (biolesker.de).

14

AM UFER DER BERKEL

Nach der kurzen Unterbrechung in Stadtlohn geht es bei der Stadtmühle zurück an die Berkel. Sie folgen nun dem Radweg neben der Berkel stromaufwärts und halten sich jetzt an die Radwegweiser Richtung Gescher sowie an das Logo der Berkel-Route. Die Route schlängelt sich durch herrliche münsterländische Parklandschaft und durch die Bauerschaften Estern und Harwick. Die Berkel, die in den Baumbergen im Herzen des Münsterlands entspringt, kreuzen Sie nur selten.

Erst kurz vor Gescher begegnen Sie dem Fluss, wenn Sie auf die Landstraße stoßen und ihr nach rechts folgen. Dann überqueren Sie die Berkel, und sogleich fällt Ihnen eine historische Wassermühle mit Stauwehr ins Auge. Nach der Mühle fahren Sie links durch den Stadtpark, am Friedhof vorbei und stoßen so direkt auf den Museumshof in Gescher. Links davon kann man in den historischen Ortskern radeln, in dem verschiedene nette Restaurants und Cafés zur Einkehr laden.

Historisches Rathaus von Stadtlohn

AUF EINEN BLICK

Info

STADT/REGION: Gescher
BESTE REISEZEIT: April bis Oktober
OPTIMALE REISEDAUER: 1–2 Tage
TOURISTINFO: Armlandstr. 15, 48712 Gescher, Tel. 02542/605 00, stadtmarketing-gescher.de

SEHENSWÜRDIGKEITEN

GESCHER: Glockenmuseum und Museumshof, glockenmuseum-gescher.de, heimatverein-gescher.de
SÜDLOHN: Hallenkirche und Windmühle, suedlohn.de
STADTLOHN: Marktplatz und Stadtmühle, stadtmarketing-stadtlohn.de

ÜBERNACHTUNG

DOM-HOTEL: Kirchplatz 6, 48712 Gescher, Tel. 02542/930 10, dom-hotel-gescher.de €€
PENSION DIE KLEINE AUSZEIT: Westfalenring 8, 48712 Gescher, Tel. 02542/67 92, kleine-auszeit-gescher.de €
CAMPING/STELLPLATZ: Camping Brinkmann's Hof, Harwick 52, 48712 Gescher, Tel. 02542/986 06, brinkmannshof.de €

SCHLINGE UND BERKEL

DAUER: 3 Std.
HÖHENMETER: 113 Hm
LÄNGE: 35 km
SCHWIERIGKEIT: Leicht
AUSGANGS-/ENDPUNKT: Parkplatz beim Glockenmuseum in Gescher, Armlandstr. 20
TOURENCHARAKTER: Rundtour durch Flusslandschaft und Agrargebiet auf asphaltierten Wirtschaftswegen und Nebenstraßen sowie ungeteerten Abschnitten am Flussufer entlang
BESTE JAHRESZEIT: Frühjahr bis Herbst
EINKEHR UNTERWEGS: Mehrere Einkehrmöglichkeiten im Ortszentrum von Stadtlohn

▲ Im Glockenmuseum von Gescher ◀ Schattiger Radweg an der Berkel
▶ Haus Südlohn im gleichnamigen Ort

IM TAL DER BOCHOLTER AA

Gemen

Schloss Velen ist nur von außen zu bewundern.

Eine imposante Wasserburg inmitten der Auen der Bocholter Aa ist der Kern der rund 9000 Einwohner zählenden Gemeinde Gemen. Nur einen Steinwurf von der Burg entfernt liegt direkt an der Bocholter Aa die Gemener Freiheit, ein historischer, malerischer Ortsteil mit netten Einkehrmöglichkeiten.

Die einstige Wasserburg wurde vor etwa 900 Jahren von den Herren von Gemen errichtet. Ab dem 15. Jahrhundert wurde sie stetig vergrößert und erhielt im 17. Jahrhundert im Wesentlichen ihr heutiges Aussehen als Schloss. Mitte des 20. Jahrhunderts wurde das Schloss schließlich verpachtet, das seitdem als Bildungsstätte vorwiegend für Jugendliche dient. Dem Schloss brachte es deshalb auch den Namen »Jugendburg« ein, den man immer wieder auf Wegweisern und Hinweistafeln vorfindet. Schwerpunkt des Zentrums ist die Musik.
Die Gemener Freiheit nahe der Jugendburg wurde im Mittelalter aus dem Rechtsbezirk der Landesherrschaft ausgegliedert und erhielt in 1273 einen besonderen Rechtsstatus. Sehenswert sind die Kirche Sankt Marien, das Alte Kloster und wunderschöne Fachwerkbauten, in denen heute vorwiegend die Gastronomie Einzug gehalten hat.

ZUR QUELLE DER AA – UNTERWEGS AUF DEM AA-RADWEG

Von Gemen aus geht es in Richtung Velen, und Sie entdecken dabei den Ursprung der Bocholter Aa. Natur steht im Vordergrund, zudem schlängelt sich der Fluss an sehenswerten Orten und Schlössern vorbei. Der Routenverlauf gleicht einer Acht, und man radelt dabei quer durch die Münsteraner Parklandschaft. Startpunkt ist der Parkplatz in der Cordulastraße nahe der Burg Gemen. Mit ihm im Rücken überqueren Sie die Straße und steigen am Flussufer in die Radroute Bocholter Aa ein. Der Radweg führt Sie rechts an der imposanten Wasserburg Gemen entlang – bereits eine gute Gelegenheit, um den frei zugänglichen Vorhof und Burghof eventuell zu besichtigen. Beim Sportplatz halten Sie sich links und machen einen Bogen um das Schloss, bevor Sie über die Bocholter Aa und durch einen

15

Auenwald den Ort verlassen. Sie folgen nun den Radschildern und den Wegweisern mit dem Aa-Logo. Der Fluss strömt durch Ramsdorf, das erste Ziel der Route. Gemütlich geht es aber erst mal entlang von saftigen Wiesen und Feldern der **Bauerschaft Kuckling** weiter.

Der Aa-Radweg führt dann vor dem **Landcafé** rechts weiter. Nachdem Sie die Bocholter Aa erneut überquert haben, gelangen Sie in die Ortsmitte von **Ramsdorf** und erblicken die **Burg Ramsdorf**, aus Backstein erbaut, die schon so manche Veränderung erfuhr. Der älteste noch erhaltene Teil ist der Burgturm. Innerhalb der Burgmauern hat das **Heimatmuseum** des Orts einen Platz bekommen. Von der Burg Ramsdorf radeln Sie auf die Kirche zu, an der die Route rechts weiterführt. Hinter der wuchtigen Hallenkirche versteckt sich **Beckmann's Alte Schmiede**. Das kleine Museum ist in einem denkmalgeschützten Fachwerkgebäude untergebracht und bietet Vorführungen über das Handwerk.

Tipp

Am Rande von Ramsdorf, direkt am Radweg, lädt Drönings Landcafé nicht nur zum Einkehren auf der gemütlichen Außenterrasse ein – der Hof hat auch ein kleines, aber feines Bauernmuseum, in dem Besucher Wissenswertes über die Kartoffel erfahren, vom Anbau bis zur Ernte. Und für die Jüngsten wurde ein Spielplatz mit Tiergehege angelegt (droenings-landcafe.de).

◀ Radweg an der Bocholter Aa ▶ Im Velener Zentrum

Eines der historisch interessantesten Bauwerke: die Wasserburg Gemen

ÜBER VELEN ZURÜCK NACH GEMEN

Von der Kirche kommend überqueren Sie in Ramsdorf die Velener Straße geradeaus und folgen den Radtafeln im Zickzack durch ein Wohnviertel aus dem Ort hinaus. Die nächste Etappe des Aa-Radwegs Richtung Velen führt nicht am Fluss entlang, sondern windet sich mit leichter Steigung und schönen Aussichten durch Knüverdarp. Schließlich radeln Sie durch den Tiergarten Schloss Velen mit seinen alten Baumbeständen in den Ort hinein, wo Sie direkt auf das imposante Wasserschloss stoßen. Schloss Velen wird heute als Hotel, Tagungs- und Veranstaltungszentrum genutzt und ist nur beschränkt zugänglich. Vom netten Schlosspark aus bekommen Sie trotzdem einen guten Eindruck des ehemaligen Adelspalastes. Sie folgen beim Schloss nach links dem Radweg, der zwischen Bäumen und der Bocholter Aa zur alten Schlossmühle führt. An dieser idyllischen Stelle begegnen Sie der Quelle der Bocholter Aa, die aus einem Zusammenfluss dreier Bäche gebildet wird.

Die Kirche Sankt Marien in der Gemener Freiheit

Sie folgen von der Wassermühle der Straße Richtung Ortszentrum bis zur Ramsdorfer Straße, an der Sie sich rechts halten. Bei der Ampelkreuzung weist der Radwegweiser »Gescher« Sie nach links auf die Schürkampallee und an ihrem Ende links weiter in die Nordvelener Straße. Sie ignorieren jetzt die Radschilder und radeln stattdessen bis zum Kreisverkehr, fahren hier geradeaus weiter und biegen danach gleich links ab auf den Barriers Paettken. Dieser ruhigen Nebenstraße zwischen Feldern folgen Sie bis zu einem Rastplatz. Hier halten Sie sich links. Sie stoßen bald darauf auf eine T-Kreuzung, an der Sie sich rechts und gleich danach am Kreisverkehr links halten Richtung Ramsdorf.

Zurück in Ramsdorf folgen Sie den Radschildern, biegen bei der Kirche rechts ab, radeln wieder an der Burg entlang, überqueren bei der Ampel geradeaus die Straße und folgen kurz danach rechts dem Radweg Richtung Borken. Außerhalb von Ramsdorf weist das Radschild Sie links hoch zum Naturschutzgebiet Homborn. Im Auf und Ab führt hier ein Waldweg quer durch das Naturgebiet nach Gemen. Sie können auch den kürzeren Radweg an der Landstraße entlang zurück nach Gemen nehmen.

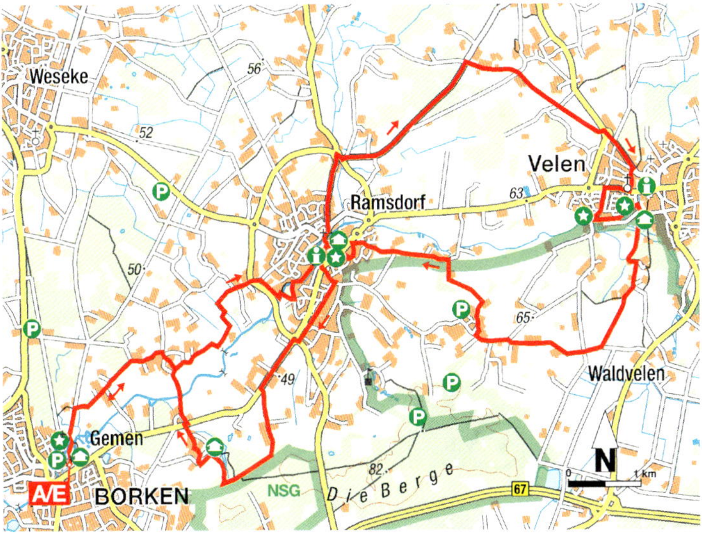

AUF EINEN BLICK

Info

STADT/REGION: Gemen
BESTE REISEZEIT: Mai, Juni, September und Oktober
OPTIMALE REISEDAUER: 2–3 Tage
TOURISTINFO: Markt 15, 46325 Borken, Tel. 02861/93 92 52, borken.de

SEHENSWÜRDIGKEITEN

GEMEN: Wasserschloss und Freiheit, jugendburg-gemen.de, freiheit-gemen.de
RAMSDORF: Burg und historischer Dorfkern, velen.de
VELEN: Wasserschloss, Quelle der Bocholter Aa mit Wassermühle und Naturschutzgebiet Homburg, velen.de/tourismus-und-freizeit2.html
BORKEN: Altes Rathaus, Stadttürme, Freizeitgebiet Pröbstingsee, borken.de

ÜBERNACHTUNG

STADTHOTEL BORKEN: Raesfelder Str. 2, 46325 Borken, Tel. 02861/825 28 00, stadthotel-borken.de €€
HOTEL RAVE: Hüpohl 29, 46342 Velen-Ramsdorf, Tel. 02863/52 55, hotel-rave.de €
CAMPING/STELLPLATZ: Stellplatz an der Wasserburg Gemen, Coesfelder Straße, 46325 Borken

◀ Burg Ramsdorf ▶ Infotafel am Bocholter-Aa-Radweg

Velener Schlossmühle in der Bocholter Aa

ZUR QUELLE DER AA

DAUER: 2.30 Std.
HÖHENMETER: 30 Hm
LÄNGE: 30 km
SCHWIERIGKEIT: Mittel
AUSGANGS-/ENDPUNKT: Parkplatz in der Cordulastr. 14 in Gemen
TOURENCHARAKTER: Rundtour durch die Münsteraner Parklandschaft auf asphaltierten Wirtschaftswegen, Nebenstraßen und Radwegen, kleinere Abschnitte sind ungeteert, vor allem entlang der Flussufer.
BESTE JAHRESZEIT: Frühjahr und Herbst
EINKEHR UNTERWEGS: Ramsdorf: Drönings Landcafé (droeningslandcafe.de) und Restaurant Rave mit italienischer Küche und schönen Biergarten (hotel-rave.de). Im Namen des Restaurants Der Forellenhof beim Naturschutzgebiet Homburg ist bereits zu erkennen, was die Spezialität ist (der-forellenhof.de), und zum Abschluss der Tour ist das Gasthaus Geers mit gemütlichem Biergarten an der Aa in Gemen (gasthaus-geers.de) zu empfehlen.

Für Radfahrer etwas holprig: das Kopfsteinpflaster in Ramsdorf

Orts- und Sachregister

IMPRESSUM

Verantwortlich: Dr. Johannes Abdullahi, Cornelius Traub
Redaktion und Lektorat: Anette Späth
Layout: Silke Schüler Umschlaggestaltung: Silke Schüler Repro: LUDWIG:media
Kartografie: Bruckmann Verlag GmbH, Heidi Schmalfuß
Herstellung: Alexander Knoll
Printed in Slovenia by Florjancic

Unser komplettes Programm finden Sie unter

www.bruckmann.de

★★★★★

Sind Sie mit diesem Titel zufrieden? Dann würden wir uns über Ihre Weiterempfehlung freuen. Erzählen Sie es im Freundeskreis, berichten Sie Ihrem Buchhändler, oder bewerten Sie bei Onlinekauf. Und wenn Sie Kritik, Korrekturen, Aktualisierungen haben, freuen wir uns über Ihre Nachricht an Bruckmann Verlag, Postfach 40 02 09, D-80702 München oder per E-Mail an lektorat@verlagshaus.de.

In diesem Buch wird aus Gründen der besseren Lesbarkeit das generische Maskulinum verwendet. Weibliche und anderweitige Geschlechteridentitäten werden dabei ausdrücklich mitgemeint, soweit es für die Aussage erforderlich ist.

Empfehlung der Redaktion
Sie sind auf der Suche nach weiterführender Literatur? Dann empfehlen wir Ihnen den Titel »Radtouren am Wasser Ruhrgebiet« von Linda O'Bryan und Hans Zaglitsch. Oder Sie werfen einen Blick in die Zeitschrift BERGSTEIGER. Hier werden Sie bestimmt fündig.

Bildnachweis: Alle Bilder im Innenteil und auf dem Umschlag stammen von Hans Zaglitsch, www.hans-zaglitsch.com

Umschlagvorderseite: Museums-Hofanlage Früchtinghoff im Stadtpark von Vreden (Kapitel 12)
Umschlagrückseite: Am Ufer der Bocholter Aa zwischen Gemen und Ramsdorf (Kapitel 15)

Tourennachweis:
Alle Touren: Linda O'Bryan und Hans Zaglitsch

Die Deutsche Nationalbibliothek verzeichnet diese Publikation in der Deutschen Nationalbibliografie; detaillierte bibliografische Daten sind im Internet über http://dnb.d-nb.de abrufbar.

Infanteriestraße 11a
80797 München

ISBN: 978-3-7343-2477-2